Seyda Taygur

Sissys Kitchen

Lecker kochen für deine Lieblingsmenschen

Unter Mitarbeit von
Pauline Wunsch

riva

Inhalt

Widmung

Ach Baba,

wie habe ich es gehasst, wenn ich als kleines Mädchen für dich Zwiebeln klein schneiden musste. Auch wenn du es nicht böse gemeint hast, klangst du manchmal wie ein General in der Küche. Trotzdem habe ich es geliebt, mit dir zusammen in der Küche zu stehen! Deine Leidenschaft für gutes, selbst gemachtes Essen war ansteckend. Durch dich habe ich das Kochen und Essen kennen, lieben und genießen gelernt. Und ich bin stolz darauf, deine Gerichte, all diese Köstlichkeiten aus deiner türkischen Heimat Hatay, an meine Kinder, meine Freunde und meine Community weitergeben zu können. All die scharfen, würzigen Speisen aus der türkisch-arabischen Küche, die mich so geprägt haben.

In großer Dankbarkeit und Liebe widme ich dir dieses Buch.

Deine Seyda

Zu Hause schmeckt's einfach am besten

Es ist kein Wunder, dass ich schon so früh zu einer wahren Feinschmeckerin geworden bin. Nichts nahm bei meiner Familie zu Hause so viel Raum ein wie gutes Essen. Schon beim Frühstück diskutierten wir mit vollem Mund lebhaft darüber, was es zum Mittagessen geben sollte. Waren wir uns uneinig, lieferte ich mir mit meinen Geschwistern heftige Diskussionen, denn Essen ist nichts, was man einfach über sich ergehen lässt. Oh nein! Essen ist Leidenschaft, und da geht man keine Kompromisse ein.

Bereits mit 18 Jahren merkte ich, wie viel ich von meinem Baba, unserem Küchenchef in der Familie, gelernt hatte: Ob Tomaten häuten, Saucen abschmecken oder Weinblätter füllen – keiner meiner Freunde konnte da mithalten. Das waren magische Momente für mich. Stolz verbrachte ich immer mehr Zeit in der Küche, um Freunde und Familie zu bekochen – natürlich in den üblichen großzügigen, türkischen Familienportionen. Nur das Aufräumen und Spülen von Töpfen und Schüsseln hätte ich mir schon damals gerne erspart. Nach meinen Koch-Sessions sah es nämlich immer so aus, als hätte ein Tornado gewütet. Das hat sich in all der Zeit auch nicht geändert. Aber, wie heißt es doch so schön: Das Genie beherrscht das Chaos.

Ich koche aus dem Bauch heraus, selten halte ich mich an ein Rezept. Gewürzt wird nach Gefühl, und wenn ich etwas Neues kreiere, dann erfüllt jede Komponente seinen Zweck. Da kann ich schon mal den Militärton meines Babas anschlagen, wenn meine Familie nicht versteht, dass die Karniyariks (gefüllte Auberginen) erst dann ihren perfekten Geschmack entfalten, wenn man sie mit meinem Kräuterjoghurt, türkischem Reis und der würzigen Tomatensauce kombiniert.

Trotz meiner Gourmet-Allüren (und ja, ich bin stolz darauf) höre ich als Influencerin immer wieder die gleichen Vorurteile. Für viele passt es einfach nicht ins Bild, dass jemand mit meinem Erscheinungsbild und meinem Background in der Küche was draufhat. »Die kann kochen? Mit diesen langen Nägeln? Warum sollte jemand wie sie sich überhaupt die Hände schmutzig machen?«

Ich sage dir warum: Weil Kochen richtig Spaß macht und Selbstzubereitetes einfach tausendmal besser schmeckt als jede Speise in irgendeinem Restaurant auf der Welt! Die Vorfreude darauf, abends mit meinem Mann Cem in der Küche zu stehen und mit ihm zu kochen, trägt mich durch jeden noch so blöden Tag, ehrlich! Natürlich habe ich schon zahlreiche Restaurants und Cafés ausprobiert. Berlin ist auch wirklich Weltklasse in Sachen Food, keine Frage, aber für mich geht nichts über selbst gemachtes Soul-Food.

Abgesehen davon, ist es auch nicht unbedingt einfach, mit mir essen zu gehen. Sowohl meine Freunde als auch die Kellner verfluchen mich regelmäßig, denn ich bestelle nie etwas direkt von der Karte. Entweder tausche ich ein paar

Komponenten aus oder ordere noch welche dazu. Am Ende hat meine Bestellung nicht mehr viel mit dem Gericht von der Karte zu tun. Und die Kellner sind mindestens genauso genervt wie meine Begleitung. Sorry, but not sorry!

Doch zurück zum eigentlichen Thema: Viele meiner absoluten Lieblingsgerichte stammen aus Hatay, der Heimat meiner Eltern. Das ist eine Region ganz im Süden der Türkei. Sie gehörte früher einmal zu Syrien, und das macht sich in der enormen Vielfalt und Qualität der typischen türkisch-arabischen Speisen bemerkbar. Nichts geht ohne gutes Olivenöl, frische Kräuter und jede Menge Knoblauch, aber das wirst du noch früh genug merken!

In diesem Buch steckt ganz viel Herzblut. Ich möchte dir keine trendige Essensphilosophie vorstellen oder dich zu irgendeiner Ernährungsweise bekehren, sondern einfach zeigen, was mir Freude macht und schmeckt. Gutes Essen ist ein Geschenk. Umso mehr, wenn man es mit seinen Lieblingsmenschen teilen und genießen kann. Ich liebe es, Cem, meine Tochter Celia, meine Familie und meine beste Freundin Senna an einem Tisch zu versammeln und für sie zu kochen. Und ich hoffe, dass dich meine Rezepte dazu inspirieren, das Gleiche zu tun. Dieses Buch soll dich dazu einladen, wieder öfter für deine(n) Partner(in), deine beste Freundin und alle anderen, die dir am Herzen liegen, zu kochen. Richtig leckeres Essen muss auch überhaupt nicht ausgefallen und kompliziert sein. Ganz im Gegenteil! Viele meiner Lieblingsgerichte überzeugen durch Zutaten, die jeder zu Hause hat, wie zum Beispiel Tomatenmark, frische Petersilie und Joghurt.

Schon mit wenigen Zutaten und Handgriffen lassen sich tolle Gerichte zubereiten. Deshalb hör auf mich, wenn ich sage: Mädels (und Jungs!), ihr könnt so viel mehr als nur Lasagne aus dem Tiefkühlregal! Trau dich und gib deinen Kitchen-Skills eine Chance. Koche wieder mehr für dich und deine Lieblingsmenschen! Warum? Weil sie es dir wert sind!

In diesem Buch findest du alles, was du dazu brauchst. Neben vielen Familienrezepten und den türkisch-arabischen Gerichten meiner Kindheit, beispielsweise Menemen (S. 32), Yayla Corbasi (S. 54) und Family Foul (S. 41) – unserem sonntäglichen Must-have, gibt's deutsche und internationale Speisen, wie mein extrem buttriges Kartoffelpüree (S. 82), Schnitzel mit crunchy Cornflakes-Panade (S. 114), Caramel-Brioche-French-Toast (S. 36) und unsere Familien-Lasagne (S. 135).

Gerade die Brunch-Rezepte lassen sich gut miteinander kombinieren und sind wirklich schnell zubereitet, versprochen! Du kannst sie zu einem ausgiebigen Frühstück genauso gut servieren wie zu einem gemütlichen Abendessen mit Freunden.

Ab Seite 166 findest du meine persönlichen Menü- und Rezeptvorschläge fürs erste Date oder einen entspannten Abend mit der besten Freundin. Alle Gerichte sind selbst für blutige Kochanfänger geeignet – also keine Ausreden mehr und ran an den Herd! Wer mag, kann auch seine eigenen Rezepte von und für seine Lieblingsmenschen in diesem Buch verewigen und sammeln.

Viel Spaß beim Kochen!

Deine Seyda

Basics

Meine Küchenausstattung

In meiner Küche geht es ganz entspannt und unkompliziert zu. Ich brauche zum Kochen kein ausgefallenes Equipment, sondern komme mit Basics wie Schneebesen, Pürierstab und Reibe aus. Die einzigen High-Class-Geräte, die ich besitze, sind meine Küchenmaschine und mein Mulex Kontaktgrill. Während ich die Küchenmaschine nutze, um zum Bespiel Hackfleisch für Köfte oder frische Kräuter besonders fein zu zerkleinern, verwende ich den Kontaktgrill zum Braten von Fleisch und Überbacken von Sandwiches. Ab und zu ersetzt er auch mal den Ofen. Gerade wenn ich nur in kleineren Mengen etwas backen möchte, ist das praktisch, denn in dem Gerät lassen sich auch Lahmacun oder Aufläufe problemlos zubereiten.

In Sachen Pfannen favorisiere ich einen guten Mix aus Aluminium-, Edelstahl- und Eisenpfannen. Pfannen aus Aluminium sind besonders leicht, leiten die Hitze gut weiter und können für fast alle Gerichte verwendet werden. Ich nutze sie gerne für empfindlichere Lebensmittel wie Eier oder Fisch. Um Fleisch (etwa Steaks oder Geschnetzeltes) scharf anzubraten, nehme ich Edelstahlpfannen, die halten starke Hitze aus und dank der Beschichtung brennt darin nichts an. Gusseiserne Pfannen finde ich gut, weil sie sich auch für den Ofen eignen. Leichtgewichte sind sie zwar nicht gerade, dafür speichern sie die Wärme extrem lange und halten außerdem ewig.

Doch es gibt noch etwas, das in meiner Küche zum unverzichtbaren Küchenhelfer geworden ist. Ich wette, dass alle, die in einer türkischen Großfamilie aufgewachsen sind, schon mal diese flachen, meist runden Edelstahlformen mit den hohen Kanten gesehen haben. Ob Kisir, Cig-Köfte oder Tabouleh – ich verwende diese praktischen Tabletts für alles, was ordentlich geknetet oder gut vermengt werden muss. Da passt eine ganze türkische Familienportion rein, und du kannst die Formen sogar zum Backen in den Ofen schieben! Verglichen mit normalen, halbrunden Schüsseln haben die flachen Tabletts einen großen Vorteil: Zutaten lassen sich viel besser darin einweichen, weil sich die Flüssigkeit nicht nur am untersten Punkt der Schüssel sammelt, sondern gleichmäßig in der Form verteilt wird. Wer einmal feinkörnigen Bulgur in einer normalen Schüssel hat quellen lassen, weiß, wovon ich spreche!

Bei der Auswahl meiner Zutaten lege ich Wert auf frische Lebensmittel und versuche, so gut es geht, auf Fertigprodukte zu verzichten. Wer braucht schon eine fade Fertigsauce mit viel Salz und Zucker, wenn die selbst zubereitete viel würziger schmeckt und in fünf Minuten fertig ist? Trotzdem sehe ich das nicht zu eng. Wenn ich einen besonders vollgepackten Terminkalender habe, landet auch mal das ein oder andere Convenience-Food im Einkaufswagen.

Bei Kräutern gehe ich allerdings keine Kompromisse ein. Für mich gibt es nichts Schlimmeres als schlecht gewürztes Essen! Deshalb habe ich immer frische Kräuter zu Hause. Sie sind deutlich aromatischer als die getrockneten Varianten und verleihen Gerichten ein kräftiges Aroma. Deshalb mein Tipp an dich: Mache alle paar Wochen einen Großeinkauf und besorge dir frische Petersilie, Dill, Minze, Schnittlauch, Koriander, rote Zwiebeln oder was dich sonst noch anmacht. Hacke alles schön klein und friere das Ganze portionsweise in Gläsern, Plastiktüten oder Tupperware ein. So hast du stets ausreichend Kräuter und Würzmittel vorrätig und musst nicht für jedes Gericht speziell einkaufen gehen. Alternativ kannst du aus Kräuterresten auch Kräutersalz machen. Hierfür einfach die Kräuter in einem Mixer oder mit einem Pürierstab fein zerkleinern, im Verhältnis 1 : 10 mit deinem Lieblingssalz vermengen und in ein steriles Glas füllen. Easy, oder?

Besondere Lebensmittel und Gewürze aus der türkisch-arabischen Küche

Für den Fall, dass du noch wenig Erfahrung mit der orientalischen Küche hast, möchte ich dir ein paar Lebensmittel, Kräuter und Gewürze vorstellen, die ich besonders oft einsetze und fast immer zu Hause habe. Sie sind die Grundlage für viele Rezepte aus diesem Buch. Die meisten Zutaten bekommst du beim Türken deines Vertrauens oder in gut sortierten Supermärkten.

Basilikumblüten

In der türkisch-arabischen Küche verwenden wir nicht nur die aromatischen Blätter des Basilikums, sondern auch die getrockneten Blüten zum Würzen. Sie schmecken etwas herber und bitterer, sind aber sehr aromatisch. Geschmacklich ähneln sie den Blüten von Thai-Basilikum. Sie machen sich super in Füllungen oder in Bulgursalat (S. 57). Du kannst getrocknete Basilikumblüten im Internet oder gut sortierten türkischen Läden kaufen.

Börekteig

Dieser hauchdünne Strudelteig aus Mehl, Wasser und etwas Öl wird in der türkischen und arabischen Küche für viele süße und herzhafte Gerichte verwendet (etwa Baklava oder Börek). Wahrscheinlich hast du ihn unter dem Namen Filo- oder Yufkateig schon mal im Kühlregal deines Supermarktes gesehen. In türkischen Läden gibt es verschiedene Stärken und Formen von Filoteig, je nachdem, was du damit anstellen willst. Achte beim Einkauf darauf, dass der Teig nicht zu trocken wirkt, sonst ist er nicht so elastisch und kann schnell brechen. Du kannst Börek- bzw. Filoteig auch selbst machen, davon würde ich aber abraten, denn das ist sehr aufwendig!

Bulgur

Bulgur ist ein Grundnahrungsmittel in der Türkei und wird gerne für Salate und Hackfleisch-Gerichte verwendet. Was viele nicht wissen: Bulgur ist eigentlich geschroteter Weizen, der zuerst gesäubert, vorgekocht und getrocknet wurde. Du findest ihn mittlerweile in vielen Supermärkten, allerdings gibt es verschiedene Körnungsgrade (grob, mittel, fein), und die bekommst du meist nur in türkischen Läden.

Dill

Zugegeben, Dill ist nicht unbedingt das Kraut, das einem bei orientalischen Gerichten sofort in den Sinn kommt. Trotzdem stammt er ursprünglich aus den Ländern des Ostens. Ich würze mit frischem Dill sehr gerne Dips, Saucen und Dressings. Außerdem schmeckt der herb-süße Dill in Kombination mit Joghurt oder Schmand und Gurken einfach genial.

Granatapfelsirup

Die säuerliche Süße der Granatäpfel ist im dickflüssigen Sirup besonders konzentriert. Deshalb reichen schon wenige Tropfen, um Suppen, Eintöpfe oder Pfannengerichte zu verfeinern. Ich liebe Granatapfelsirup zum Beispiel in Kisir (S. 57). Auch Granatapfelsirup gibt es in jedem türkischen Lebensmittelgeschäft zu kaufen.

Joghurt

Früher wurde bei uns ausschließlich mit türkischem Joghurt gekocht. Er schmeckt etwas säuerlicher als deutscher Joghurt, enthält aber genauso viel Fett (3,5 %) und hat eine leicht salzige Note. Damit lassen sich Dips und Saucen, aber auch Joghurtsuppen gut zubereiten. Wenn ich in anderen Supermärkten unterwegs bin, kaufe ich alternativ gerne griechischen Sahnejoghurt. Griechischer Joghurt beinhaltet mehr Fett (10 %), schmeckt milder und ist etwas cremiger als die türkische Variante.

Kichererbsen

Kichererbsen schmecken sehr mild und leicht nussig. Ich verwende sie für selbst gemachten Hummus, klassische Falafel oder als vegetarische Suppeneinlage. Du bekommst sie mittlerweile fast überall getrocknet oder vorgegart aus der Dose. Solltest du getrocknete Kichererbsen kaufen, musst du sie vor der eigentlichen Verwendung etwa zwölf Stunden in ausreichend Wasser einweichen.

Koriander

Ich verwende zum Kochen fast ausschließlich frischen Koriander. Die würzigen Blätter verfeinern jeden Joghurt-Dip und machen sich super in Suppen, Eintöpfen und Füllungen. Das leicht seifig schmeckende Kraut ist nicht jedermanns Sache, deshalb empfehle ich dir, wenn du noch nicht mit Koriander gekocht hast, ihn erst mal zurückhaltend zu dosieren und dann lieber noch mal etwas nachzuwürzen, wenn es dir schmeckt.

Kreuzkümmel (Cumin)

Kreuzkümmel (nicht zu verwechseln mit normalem Kümmel) kannst du gemahlen oder als ganze Samen kaufen. Ich liebe seinen unverwechselbaren scharf-bitteren Geschmack, der ein bisschen an Anis erinnert. Am liebsten verwende ich ganze Kreuzkümmelsamen, da sie sich länger frisch halten und du sie ganz einfach zwischen den Fingern zerbröseln kannst. So entfalten sie ihr ganzes Aroma und können problemlos in Saucen, Marinaden, Suppen und Eintöpfen mitgekocht werden.

Minze
Nichts erfrischt so schön wie frische Minzblätter! Egal, ob in Cacik (türkisches Tzatziki), zu Lamm- und Fleischgerichten, als Tee oder in Desserts: Minze geht immer. Ich nutze neben frischer Minze auch getrocknete Minzblätter zum Würzen von Saucen, Dips, Linsen- und Joghurtsuppen.

Paprikamark
Was das Tomatenmark für die Deutschen, ist das Paprikamark für die Türken. Die konzentrierte Paste aus gerösteten roten Paprikaschoten und Salz passt super in Hackfleischgerichte, Eintöpfe, Schmorgerichte und Suppen. Ich verwende es viel in Bulgursalat oder für unsere Lahmacun. Im türkischen Handel findest du verschiedene Schärfegrade von mild bis scharf.

Pastirma (türkischer Rinderschinken)
Diese türkische Dörrfleisch-Spezialität bekommst du meistens nur in türkischen Supermärkten. Sie kann aus verschiedenen Teilen des Rindes bestehen, (z.B. Rücken, Hüfte oder Schulter) und erinnert an würzig marinierten, luftgetrockneten Schinken. Wir lieben Pastirma dünn aufgeschnitten zum Brunch, mit Eiern in der Pfanne gebraten oder als Füllung für Böreks.

Petersilie
Ich liebe das Aroma von frischer, fein gehackter Petersilie! Kaum ein Rezept kommt bei mir ohne dieses aromatische Kraut aus. Kein Wunder, denn es ist vielseitig verwendbar: Ich nehme Petersilie (übrigens ausschließlich die glatte Sorte) zum Beispiel für mein Tabouleh (S. 71), die Pacanga Böreks (S. 31), meinen Kräuter-Kartoffelsalat (S. 62) oder Mamas Hühnersuppe (S. 46). Schon ein paar Blätter verleihen Gerichten eine angenehme, kräftige Würze.

Pitabrot
Fluffiges Fladenbrot passt einfach zu jedem Gericht! Gerade die dünnen Pitabrote lassen sich vielseitig verwenden. Du kannst sie aufschneiden und mit Falafel, Käse und Salat füllen oder im Ofen leicht anrösten und zum Dippen für Saucen, Suppen, Eintöpfe und Dips nehmen.

Schwarzkümmel
In der türkischen Küche wird neben Kreuzkümmel auch gerne Schwarzkümmel eingesetzt. Sein Aroma erinnert an einen Mix aus Sesam und Kümmel, optisch ähnelt er schwarzem Sesam. Schwarzkümmel passt prima in Avocado-Dips wie zum Beispiel Guacamole, in Fleischgerichte mit Lamm oder Hähnchen, auf Fladenbrote und Böreks oder in Falafel.

Sehriye (türkische Fadennudeln)
Diese kleinen Nudeln in Reis- oder Gerstenkornform sind ein Muss in jedem türkischen Reis (auch Pilav genannt). Ich verwende sie auch ger-

ne in Nudel- und Hühnersuppen. Du bekommst Sehriye in verschiedenen Formen und Größen im türkischen Supermarkt.

Sucuk (türkische Rohwurst)

Sucuk ist, ähnlich wie Pastirma, eine würzige, luftgetrocknete (manchmal auch geräucherte) Wurst. Meist besteht sie aus Rind- und Lammfleisch, seltener auch aus Kalb und wird mit Salz, Pfeffer, Piment, Knoblauch, Kreuzkümmel und Cayennepfeffer gewürzt. Bei uns kommt sie regelmäßig zum Frühstück als Sucuk-Tomaten-Pfanne (S. 25) oder abends als Füllung für meine Pacanga-Böreks (S. 31) auf den Tisch. Es gibt sie als Ringwurst, im Doppelpack oder einzeln beim Türken und in gut sortierten Supermärkten an der Wursttheke zu kaufen.

Sumach

Wahrscheinlich haben nur die Koch-Profis unter euch schon mal etwas von Sumach gehört. Das ist eine rote Steinfrucht, aus deren getrockneten Beeren das gleichnamige Pulver hergestellt wird. Sumach schmeckt angenehm frisch, säuerlich und leicht fruchtig. Ich verwende es gerne zum Würzen von Hackfleisch- und Eiergerichten. Du findest das grobkörnige, rötliche Pulver in jedem türkischen Lebensmittelgeschäft.

Tahini

Seit dem großen Hummus-Trend hat auch Tahini an Bekanntheit gewonnen: Tahini ist ein Mus aus gemahlenem, geschältem Sesam und gehört in vielen orientalischen Ländern zur Grundausstattung jeder Küche. Die Sesampaste kommt in klassisches Hummus, aber ich verwende sie auch gerne in Saucen und Dips mit Joghurt.

Bucket List – diese 5 Zutaten solltest du immer zu Hause haben!

Olivenöl

Ob zum Marinieren, Verfeinern oder Anbraten: Gutes Olivenöl ist ein Basic, das du in vielen Gerichten einsetzen kannst. Ich beträufele gerne Dips, Salate und Hauptgänge mit ein paar Tropfen. Bei der Auswahl solltest du darauf achten, kalt gepresste Öle zu kaufen. Ein bitterer oder scharfer Geschmack eines Öls ist übrigens ein Qualitätsmerkmal. Stelle dein Olivenöl nicht in den Kühlschrank, sondern bewahre die Flasche bei Zimmertemperatur auf.

Tomaten

Mit frischen Tomaten kannst du schnell leckere Salate, Saucen oder Eintöpfe zubereiten. Sie werten jedes langweilige Sandwich auf (aus dem Ofen besonders lecker), und im Mini-Format sind sie auch tolle Snacks für zwischendurch. Achte beim Einkauf darauf, reife Tomaten zu nehmen. Findest du mal keine aromatischen Tomaten im Supermarkt, kannst du auf Tomatenmark oder Tomaten aus der Dose zurückgreifen. Damit lässt sich im Handumdrehen eine Füllung, eine Sauce oder eine schön würzige Marinade zaubern.

Joghurt

In meiner arabisch-türkischen Küche geht natürlich nichts ohne Joghurt. Ich verwende ihn für zahlreiche Saucen und Dips oder als Beilage. So spart man sich auch etwas Zeit beim Kochen, denn Joghurt-Dips sind deutlich schneller zusammengerührt als manch andere Saucen.

Tipp

Deine Gerichte sind zu scharf oder zu würzig geworden? Ein Klecks Joghurt auf dem Teller balanciert die Schärfe aus und schmeckt dazu noch herrlich erfrischend!

Frische Kräuter

Du weißt ja, ich liebe frische Kräuter. Deshalb habe ich lieber zu viel als zu wenig Petersilie, Dill, Minze oder Ähnliches zu Hause. Frische Kräuter verleihen jedem Gericht mehr Aroma und sind zudem sehr gesund. Kaufe alle Kräuter frisch, zerkleinere diese separat, fülle sie dann in kleine Boxen und friere sie ein. So hast du immer alles parat. Du sparst dir Zeit beim Kochen und musst keine Kräuterreste wegwerfen.

Knoblauch

Knoblauch ist wirklich sehr gesund! Er wirkt wie ein Antibiotikum und schmeckt einfach super, besonders in Kombination mit Fleischgerichten, Joghurt oder Zitrusfrüchten. Praktisch: Knoblauchzehen halten sich relativ lange. Du kannst sie aber auch geschält und fein gehackt einfrieren.

Hinweise zu den Rezepten

- Alle Kräuter werden frisch verwendet, wenn nichts anderes angegeben ist. Petersilie ist immer die glatte Sorte. Und Pfeffer wird frisch gemahlen, sofern nichts anderes erwähnt ist.

- Die verwendeten Eier haben die Größe M. Bei Gemüse und Obst sind große Exemplare gemeint, wenn nichts anderes angegeben wird.

- Knoblauchzehen sind immer groß, bei kleinen Zehen zwei verwenden.

- Ich nehme nur ungesalzene Butter und bei Milch die Vollmilch-Variante, Abweichungen davon sind erwähnt.

- Alle Gar- und Zubereitungszeiten sind Richtwerte und können je nach Herd und Ofen abweichen.

- Die Temperatur von Frittieröl kannst du vorab testen: dazu ein Stück eines Holzlöffels in das heiße Öl tauchen. Wenn sich auf dem Holzlöffel kleine Bläschen bilden, ist das Öl etwa 180–190 °C heiß und richtig temperiert. Beim Frittieren das Frittiergut vorsichtig ins Öl tauchen, um Spritzer zu vermeiden. Wichtig: Das Öl nie unbeaufsichtigt lassen!

- Löffel-Mengenangaben sind immer gestrichene Maße. Grob gilt folgende Faustregel: 1 Teelöffel (1 TL) = 5 ml, 1 Esslöffel (1 EL) = 15 ml.

- Bei manchen Rezepten gibt es Zutaten ohne genaue Mengenangaben (z.B. bei Ölen, Salz und Kräutern). Hier kannst du nach eigenem Geschmack dosieren.

- Gerichte mit diesem Logo sind vegetarisch:

Frühstück und Brunch

Tomaten-Käse-Dip

Ca. 5 Minuten
Für 2 Personen

2 große rote Tomaten
100 g Feta (Schafskäse)
2 EL Olivenöl
Salz
Pfeffer
1 TL getrockneter Oregano
1 TL getrockneter Thymian

1. Die Tomaten an einer Reibe fein raspeln und auf einem flachen Teller verteilen.

2. Käse mittig über die geriebenen Tomaten bröseln und mit einem Schuss Olivenöl garnieren.

3. Mit Salz, Pfeffer Thymian, Oregano abschmecken.

Tipp
Schmeckt super zu geröstetem Fladenbrot.

Guacamole (Avocado-Dip)

Ca. 10 Minuten
Für 2 Personen

1 reife Avocado
1 Knoblauchzehe
1 kleine Limette
Salz
Pfeffer
1–2 EL Olivenöl
3 Stängel Koriander (alternativ frischer Dill oder frische Petersilie)
1 Chilischote nach Bedarf

1. Avocado halbieren, Kern entfernen und mit einem Löffel das Fruchtfleisch herauslösen. Mit einer Gabel Avocado zu einem Mus zerdrücken. Knoblauchzehe schälen, ausdrücken und unter die Avocado rühren. Limette halbieren, Saft auspressen und unter die Avocadocreme rühren.

2. Guacamole mit Olivenöl beträufeln und mit Salz und Pfeffer abschmecken.

3. Koriander abbrausen, trocken schütteln, Blätter abzupfen und klein hacken. Chili abbrausen, abtrocknen, entkernen und Fruchtfleisch fein würfeln. Koriander und Chili unter die Avocado rühren.

Thunfisch-Dip

Ca. 10 Minuten
Für 2 Personen

160 g Thunfisch (Dose, in Öl)
¼ rote Zwiebel
Gewürzgurken
1 EL Kapern
1 EL Mayonnaise
1 EL Frischkäse (Doppelrahmstufe, 60 % Fett)
Salz
Pfeffer
½ TL edelsüßes Paprikapulver
2 Stiele Dill oder nach Bedarf

1. Thunfisch mit dem Öl in eine Schüssel gießen und leicht mit einer Gabel zerdrücken.

2. Zwiebel schälen und fein hacken. Gewürzgurken und Kapern ebenfalls fein hacken und zusammen mit der Zwiebel unter den Thunfisch rühren.

3. Mayonnaise und Frischkäse dazugeben und cremig rühren.

4. Mit Salz, Pfeffer und Paprikapulver abschmecken. Dill abbrausen, trocken schütteln und fein hacken. Thunfisch-Dip mit Dill dekorieren und servieren.

Körnerkäse-Dip

Ca. 5 Minuten
Für 2 Personen

1 Beet Kresse
1 Packung körniger Frischkäse (à 200 g)
1 EL Kürbiskernöl (alternativ Olivenöl)
Salz
Pfeffer

1. Kresse abschneiden und zusammen mit dem Frischkäse in einer Schüssel verrühren. Kürbiskernöl dazugeben.

2. Gut würzen und nach Bedarf mit Kräutern deiner Wahl garnieren.

Tipp
Dieser Dip schmeckt auch mit roten Zwiebeln, Petersilie oder Schnittlauch.

Pita mit Schmand und pochiertem Ei

Ca. 15 Minuten
Für 2 Personen

100 g Schmand (24 % Fett)
2 EL Zitronensaft
Salz
Pfeffer
1 kleine Knoblauchzehe
2 Eier (Größe M)
2 EL Weißweinessig
2 Pitabrote (alternativ: Weizentortillas oder dünnes arabisches Fladenbrot)
2 Stiele Dill
Sumach nach Belieben
Chiliöl nach Belieben

1. Den Schmand in einer Schüssel mit Zitronensaft, Salz und Pfeffer würzen. Die Knoblauchzehe schälen, auspressen und unter den Schmand rühren.

2. Für die pochierten Eier einen Topf mit 1 lLiter Wasser und dem Essig aufkochen. Mit einem Schneebesen im Wasser einen Strudel erzeugen und das erste Ei direkt über dem siedenden Wasser aufschlagen, damit es nicht lange in der Luft bleibt und sich auseinanderzieht.

3. Nach ca. 3 Minuten das Ei mit einer Schöpfkelle herausnehmen und auf einem Teller trocknen lassen. Mit dem zweiten Ei genauso verfahren.

4. In der Zwischenzeit die Pitas mit dem fertig angerührten Schmand bestreichen, mittig darauf das pochierte Ei platzieren, mit Salz und Pfeffer würzen. Anschließend den Dill abbrausen, trocken schütteln und Spitzen abzupfen.

5. Gefüllte Pita mit Dill, Sumach und Chiliöl garnieren.

Tipp
Falls das Pochieren etwas tricky sein sollte, kannst du die Eier auch einzeln in eine kleine Tasse schlagen und vorsichtig mit der Tasse ins Wasser gleiten lassen. Die Chance, das Eigelb zu zerstören, ist bei dieser Methode geringer.

Cems Sucuk-Tomaten-Pfanne

Ca. 10 Minuten
Für 2 Personen

3 Tomaten
1 grüne Spitzpaprika
2 EL Butter oder Margarine zum Braten
Sucuk je nach Vorliebe
Salz
Pfeffer
1 TL getrockneter Oregano

1. Tomaten und Spitzpaprika abbrausen und abtrocknen. Bei den Tomaten die Strünke entfernen und das Fruchtfleisch in kleine Würfel schneiden. Die Spitzpaprika entkernen und das Fruchtfleisch ebenfalls klein würfeln.

2. Butter in einer großen Pfanne erhitzen. In der Zwischenzeit die Sucuk häuten, in gleich große Scheiben schneiden und kurz mitanbraten bis sie sich wölben. Anschließend die Spitzpaprika dazugeben, kurz mitrösten und die Tomaten dazugeben.

3. Einen Schuss Wasser unterrühren und alles ca. 5–7 Minuten zu einer gleichmäßigen Tomatensauce köcheln lassen.

4. Mit Salz und Pfeffer abschmecken, mit Oregano garnieren und mit Brot servieren.

Cems Bauernpfanne

Ca. 20 Minuten
Für 2 Personen

2 kleine Kartoffeln
2 Frühlingszwiebeln
2 Stiele Schnittlauch
2 Stiele Petersilie
3 Wiener Geflügelwürstchen
2 EL Butter
Paprikapulver nach Belieben
4 Bio-Eier
1 EL Milch
Salz
Pfeffer

1. Kartoffeln schälen, abbrausen und fein würfeln. Frühlingszwiebeln, Schnittlauch und Petersilie abbrausen und trocken schütteln. Frühlingszwiebeln und Schnittlauch jeweils in feine Ringe schneiden. Petersilienblätter abzupfen und fein hacken. Würstchen in Scheiben schneiden.

2. Kartoffeln in einer Pfanne mit Butter ca. 10 Minuten auf mittlerer Stufe knusprig anbraten. Würstchen dazugeben, mitbraten und mit Paprikapulver würzen. Die Hälfte der Frühlingszwiebeln ebenfalls dazugeben und kurz mitrösten.

3. Eier in eine Schüssel schlagen und mit der Milch verrühren. Mit Salz und Pfeffer würzen. Eier-Milch-Mix in die Pfanne gießen und auf niedriger Stufe stocken lassen. Mit den Kräutern und restlichen Frühlingszwiebeln garnieren und servieren.

Übrigens
Als ich das erste Mal bei Cem zum Frühstück eingeladen war, hat er dieses Gericht gemacht, und da wusste ich: Okay, wir haben denselben Geschmack!
Schmeckt noch viel besser als ein normales Bauernfrühstück.

Hackfleischpfanne (Hatay-Art)

Ca. 10 Minuten
Für 2 Personen

1 kleine Zwiebel
1 grüne Spitzpaprika
2 EL Butter oder Olivenöl zum Anbraten
150 g Rinderhackfleisch
1 Knoblauchzehe nach Belieben
3 Eier
2 Stiele Petersilie
Chiliflocken nach Belieben

1. Zwiebel schälen, Spitzpaprika abbrausen, abtrocknen, entkernen und das Fruchtfleisch fein würfeln.

2. Butter in einer großen Pfanne erhitzen und das Hackfleisch darin scharf anbraten. Nach ca. 2–3 Minuten die Zwiebel- und Paprikawürfel dazugeben. Hackfleisch ca. 5–6 Minuten krümelig braten. In der Zwischenzeit Knoblauch schälen, auspressen und dazugeben. Hackfleisch mit Salz und Pfeffer würzen.

3. Eier über der Pfanne aufschlagen und so lange auf kleiner Stufe garen, bis sie stocken.

4. Petersilie abbrausen, trocken schütteln, Blätter abzupfen und fein hacken. Hackfleischpfanne mit Chiliflocken und Petersilie garnieren.

Tipp
Die Eier stocken schneller, wenn du die Pfanne mit einem Deckel abdeckst.

Pacanga-Börek

Ca. 20 Minuten
Für 8 Stück

Für die Füllung

150 g Pastirma oder Sucuk
150 g Käse (z.B. Kaşar oder Gouda)
1 grüne Spitzpaprika
1 Tomate
1 EL getrockneter Oregano
1 TL edelsüßes Paprikapulver
Salz
Pfeffer

Sonstiges:

2 große, runde Blätter oder 8 dreieckige Blätter Börekteig
2 Eier
100 g Paniermehl
Sonnenblumenöl zum Anbraten

1. Für die Füllung Pastirma in Streifen schneiden und den Käse fein reiben. Spitzpaprika und Tomate abbrausen und abtrocknen. Tomate entstrunken und Fruchtfleisch klein würfeln. Paprika entkernen und klein würfeln.

2. Vorbereitete Zutaten zusammen mit dem Oregano und dem Paprikapulver in einer Schüssel vermengen. Mit Salz und Pfeffer würzen.

3. Beide Börekteigblätter jeweils vierteln, sodass du am Ende 8 dreieckige Teigblätter hast.

4. Teigspitzen jeweils mit etwas Wasser anfeuchten. Pro Börek 2 EL der Füllung am langen Ende der Teigblätter verteilen. Linke und rechte Ecken eng einklappen und den Teig bis zur Spitze vorsichtig eindrehen.

5. Eier in einer kleinen Schüssel aufschlagen und mit einem Schneebesen verquirlen. Paniermehl auf einem flachen Teller verteilen. Die fertigen Börektaschen zuerst in dem aufgeschlagenen Ei und anschließend in Paniermehl wenden.

6. Öl in einer großen Pfanne mit hohem Rand auf mittlerer Stufe erhitzen und die Böreks immer schnell wenden und rundherum goldbraun ausbacken. Anschließend herausnehmen und auf einem mit Küchenpapier ausgelegten Teller abtropfen lassen.

Tipp

Vegetarier lassen das Fleisch einfach weg.

Menemen (Eier-Tomaten-Pfanne nach Bauernart)

Ca. 10 Minuten
Für 2 Personen

1 kleine Zwiebel
1 grüne Spitzpaprika
3 saftige Tomaten
2 EL Olivenöl
Salz
Pfeffer
3 Eier
1 EL Milch

1. Zwiebel schälen und fein hacken. Spitzpaprika und Tomaten abbrausen und abtrocknen. Spitzpaprika entkernen und Fruchtfleisch klein würfeln. Tomaten entstrunken und ebenfalls klein würfeln.

2. Zwiebel in einer heißen Pfanne mit dem Olivenöl glasig anschwitzen. Tomatenwürfel dazugeben, kurz mitbraten und mit 100 ml Wasser aufgießen. Anschließend auf kleiner Stufe ca. 5–7 Minuten zu einer sämigen Sauce köcheln lassen. Mit Salz und Pfeffer würzen.

3. In der Zwischenzeit Eier in einer Schüssel aufschlagen und mit der Milch ordentlich verquirlen. Anschließend auf der Tomatensauce kreisförmig verteilen und bei niedriger Stufe leicht verrühren, damit es nicht zu trocken wird.

Tipp
Mit angeröstetem Fladenbrot servieren.

Farmers Favorite

Ca. 10 Minuten
Für 2 Personen

1 kleine Zwiebel
100 g Bio-Spinat
1 Prise gemahlener Muskat
2 EL Olivenöl
1 reife Avocado
3 Eier
1 EL Milch
Salz
Pfeffer
100 g Käse nach Wahl
(z.B. Feta oder Hirtenkäse)

1. Zwiebel schälen und fein würfeln. Spinat abbrausen und trocken schleudern. Olivenöl in einer Pfanne erhitzen und Zwiebeln darin glasig anschwitzen. Spinat dazugeben, kurz mitdünsten und mit Muskat würzen.

2. Avocado halbieren, Kern entfernen und mit einem Löffel das Fruchtfleisch vorsichtig herauslösen. Avocado in Scheiben schneiden.

3. Eier in eine Schüssel schlagen und mit einer Gabel verquirlen. Milch unterrühren und vorsichtig in die Pfanne gießen. Mit Salz und Pfeffer würzen.

4. Avocadoscheiben in die Pfanne legen. Käse zwischen den Fingern zerbröseln und dazugeben, ggf. nochmal würzen und mit frischem Spinat servieren.

Caramel-Brioche-French-Toast

Ca. 15 Minuten
Für 2 Personen

2 Eier
4 Scheiben Brioche
60 g Butter
2 EL Ahornsirup
2 EL Karamellsirup
frische Früchte nach Wahl

1. Die Eier in einem flachen Teller vorsichtig verquirlen und die Brioche-Scheiben nacheinander kurz darin wenden.

2. 2 EL Butter in einer Pfanne erhitzen, Brioche-Scheiben goldbraun anbraten und auf 2 Teller verteilen.

3. Die restliche Butter in der benutzten Pfanne erhitzen, Ahorn- und Karamellsirup hineingießen und kurz karamellisieren lassen. Sauce über die French Toasts gießen und mit Früchten garnieren. Sofort servieren.

Banana-Vanilla-Crêpe

Ca. 20 Minuten
Für 12 Stück

250 ml Milch
500 g Mehl (Type 405)
3 Eier
3 Packungen Vanillezucker
1 Msp. Salz
200 g zerlassene Butter
2 EL Butter
2 Bananen
Agavendicksaft oder Ahornsirup nach Belieben (alternativ: flüssiger Honig)
250 g Vanillequark
Nüsse und Früchte nach Belieben

1. Für den Crêpe-Teig Milch, Mehl, Eier, Vanillezucker, Salz und die zerlassene Butter in einer Schüssel mit einem Schneebesen glattrühren. Der Teig sollte nicht zu dick sein. Bei Bedarf noch etwas Milch dazu geben.

2. In einer Pfanne etwas Butter erhitzen und pro Crêpe 1 Kelle Teig mittig eingießen. Pfanne sofort schwenken, damit sich der Teig gleichmäßig verteilt. Nach ca. 2 Minuten Crêpe wenden, goldbraun ausbacken und auf einem mit Küchenpapier ausgelegtem Teller überschüssiges Fett auffangen.

3. Die Bananen schälen, in Scheiben schneiden und in einer weiteren Pfanne mit 2 EL Butter und Karamellsirup karamellisieren lassen.

4. Fertige Crêpe mit Vanillequark bestreichen und mit Bananen garnieren. Je nach Geschmack mit Nüssen oder saisonalen Früchten belegen.

Frischer Eiersalat mit Minze

Ca. 20 Minuten
Für 2 Personen

6 Eier
3 Tomaten
½ Zwiebel
Saft einer Zitrone
4 EL Olivenöl
1 kleines Bund Petersilie
1 kleines Bund Minze
Salz
Pfeffer
Sumach nach Belieben

1. Eier in einem Topf mit Wasser bedecken, zum Kochen bringen und ca. 8–10 Minuten kochen. Die hart gekochten Eier kalt abschrecken und pellen.

2. Tomaten abbrausen, abtrocknen, entstrunken und in dünne Scheiben schneiden. Tomatenscheiben auf einem Teller fächerförmig verteilen (ähnlich wie bei einem Carpaccio). Zwiebel in feine Ringe schneiden und auf den Tomaten verteilen.

3. Eier jeweils vierteln und mit Zitronensaft vermengen. Anschließend auf den Tomaten verteilen und Olivenöl drüber träufeln.

4. Petersilie und Minze abbrausen, trocken schütteln, Blätter abzupfen und fein schneiden. Eiersalat mit Petersilie und Minze garnieren und mit Salz, Pfeffer und Sumach würzen.

Tipp
Du hast zu viele frische Kräuter eingekauft? Gar kein Problem: Du kannst sie klein hacken und in luftdichten Plastikbehältnissen easy einfrieren.

Family Foul

Ca. 30 Minuten
(+ 8 Stunden Einweichzeit
+ 2,5 Stunden Kochzeit)
Für 2 Personen

Für die Bohnen:
75 g getrocknete Kichererbsen (alternativ 150 g aus der Dose)
75 g getrocknete braune Pferdebohnen/Saubohnen (alternativ 150 g aus der Dose)
1 TL Natron

Für die Joghurtsauce:
250 g Joghurt (3,5 % Fett)
Salz
1 TL Zucker
1 ½ EL Tahini
Saft von ½ Zitrone

Für das Petersilien-Pesto:
½ Bund Petersilie
2 Knoblauchzehen
125 ml Olivenöl
Salz
Pfeffer

Außerdem:
250 g Tomaten
1 kleine rote Paprikaschote
½ Chilischote

1. Bohnen getrennt voneinander in einem Sieb abwaschen, jeweils in Schüsseln mit warmem Wasser bedecken und über Nacht einweichen lassen.

2. Am nächsten Morgen beides in getrennten Töpfen mit etwas Salz und je ½ TL Natron einmal auf höchster Stufe aufkochen. Anschließend auf niedriger Stufe ca. 1 ½ Stunden gar kochen. (Wenn du Bohnen aus der Dose verwendest, dann diese einfach kurz in kochendes Wasser geben und danach absieben.)

3. In der Zwischenzeit Joghurt in einer Schüssel mit einem Schneebesen cremig rühren. Salz, Zucker, Tahini und Zitronensaft dazugeben und gut miteinander verrühren.

4. Für das Pesto die Petersilie abbrausen, trocken schütteln, Blätter abzupfen und klein hacken. Knoblauchzehen schälen und fein hacken. Petersilie, Knoblauch und Olivenöl in einer Schüssel vermengen. Mit Salz und Pfeffer würzen.

5. Tomaten, Paprika und Chili abbrausen, abtrocknen, Tomaten entstrunken, Paprika und Chili entkernen. Anschließend alles fein würfeln und in einer Schüssel miteinander vermengen.

6. Bohnen auf Teller verteilen, mit der Joghurtsauce übergießen, mit dem Tomaten-Paprika-Chili-Mix garnieren und mit Pesto beträufeln.

Tipp
Am besten mit knusprig gebackenem Fladenbrot aus dem Ofen servieren. Wenn du eine vegane Variante zaubern willst, tausche den Joghurt mit Sojajoghurt aus.

Übrigens
Dieses Rezept ist durch und durch mein Vater. Seit über 30 Jahren wird dieses Gericht sonntags bei uns gegessen. Das deftige Frühstück hält dich dank der Hülsenfrüchte lange satt, ist gesund und so lecker.

Chocolate-Chip-Pancakes mit Schoko-Lava

Ca. 35 Minuten
Für 8 Stück

60 g Butter + zum Anbraten
1 Ei
250 ml Milch
200 g Mehl (Type 405)
3 TL Backpulver
1 Prise Salz
2 EL Zucker
125 g Schokotropfen
Schokoschnitten oder Schokoplättchen

1. Butter in einem Topf schmelzen und abkühlen lassen. Anschließend mit dem Ei und der Milch in einer Schüssel verrühren. In einer separaten Schüssel Mehl, Backpulver, Salz und Zucker verrühren und mit den flüssigen Zutaten vermengen. Schokotropfen unter den Teig heben.

2. Butter in einer Pfanne erhitzen und Pancakes darin portionsweise auf mittlerer Stufe ausbacken. Sobald die Unterseite fertig ist, Schokoplättchen auflegen, eine halbe Kelle Teig darauf verteilen und vorsichtig wenden. Anschließend goldbraun ausbacken. Mit dem restlichen Teig genauso verfahren.

Tipp
Schoko-Schock am Morgen, aber geil! Für dieses Rezept brauchst du ein bisschen Fingerspitzengefühl. Dazu passen frische Früchte, Schokosauce und Karamellsirup.

Es gibt auch Silikon-Pancakeformen, in denen man die Pankcakes höher ausbacken kann. Optional kannst du den Teig auch abwechselnd mit einer Füllung (Obst, Schokolade, Nüsse etc.) in die Form schichten.

Salate und Suppen

Mamas Hühnersuppe

Ca. 30 Minuten
Für 4 Personen

4 Hähnchenkeulen
1 Zwiebel
2 getrocknete Lorbeerblätter
1 Bund Suppengrün
(Möhren, Sellerie, Petersilie)
4 festkochende Kartoffeln
Salz
Pfeffer

1. In einem großem Kochtopf Salzwasser zum Kochen bringen und die Hähnchenkeulen hineinlegen. Zwiebel schälen, halbieren und zusammen mit den Lorbeerblättern zur Suppe geben und ca. 20 Minuten auf mittlerer Stufe köcheln lassen.

2. In der Zwischenzeit Suppengrün putzen, schälen und fein würfeln. Kartoffeln schälen, abbrausen und ebenfalls fein würfeln. Petersilie abbrausen, trocken schütteln, Blätter abzupfen und grob hacken.

3. Hähnchenkeulen aus der Suppe herausnehmen und kurz auskühlen lassen. Suppe durch ein Sieb in einen neuen Topf gießen und noch mal aufkochen. Vorbereitete Zutaten bis auf die Petersilie zur Suppe dazugeben und dann maximal 15 weitere Minuten köcheln lassen, damit das Gemüse knackig bleibt und die Vitamine nicht verloren gehen.

4. Hähnchenfleisch sauber von den Knochen lösen, in mundgerechte Stücke schneiden und in die Suppe geben.

5. Zum Schluss Suppe mit Salz und Pfeffer abschmecken und mit der gehackten Petersilie servieren.

Zitronen-Hühnersuppe mit Reis

Ca. 30 Minuten
Für 4 Personen

1 Bund Suppengrün
1 ½ l Wasser
4 Hähnchenkeulen
1 Zwiebel
2 getrocknete Lorbeerblätter
Saft von einer Zitrone
1 Eigelb
Salz
Pfeffer
6 EL Reis (Langkornreis oder Klebereis)
Chiliflocken nach Bedarf

1. Suppengrün putzen, schälen und fein würfeln. Petersilie abbrausen, trocken schütteln, Blätter abzupfen und grob hacken.

2. In einem großem Kochtopf Salzwasser zum Kochen bringen und die Hähnchenkeulen hineinlegen. Zwiebel schälen, halbieren und zusammen mit den Lorbeerblättern und dem vorbereiteten Suppengrün zur Suppe geben. Suppe ca. 20 Minuten auf mittlerer Stufe köcheln lassen.

3. Hähnchenkeulen und Suppengrün herausnehmen. Hähnchenfleisch sauber vom Knochen lösen, in mundgerechte Stücke schneiden, mit einer Gabel zerteilen und beiseite stellen.

4. Zitronensaft in einer Schüssel mit dem Eigelb verrühren, mit Salz und Pfeffer würzen. Suppe nochmal aufkochen bis sie sämig wird, Zitronensaft-Eigelb-Mix unterrühren und den Reis dazugeben.

5. Hähnchenfleisch zurück in die Suppe gleiten lassen und die Suppe mit Salz und Pfeffer würzen. Nach Bedarf mit Chiliflocken garnieren.

Übrigens
Diese Suppe kommt bei Kids genauso gut an wie bei den Erwachsenen.

Coban (Türkischer Hirtensalat)

Ca. 20 Minuten
Für 2 Personen

2 Tomaten
2 Minigurken
½ grüne Spitzpaprika
1 kleine rote Zwiebel
(alternativ: 2 Frühlingszwiebeln)
1 Zweig Minze
1 Handvoll Rucola
½ TL Sumach
Saft von ½ Zitrone
½ TL Granatapfelsirup
2–3 EL Olivenöl
1 TL getrocknete Minze
Salz
Pfeffer
Schafskäse nach Belieben

1. Tomaten, Gurken und Paprika abbrausen, abtrocknen, Tomaten entstrunken und alles fein würfeln. Zwiebel schälen und fein hacken. Minze und Rucola abbrausen, trocken schütteln, Minzblätter abzupfen und fein hacken.

2. Vorbereitete Zutaten in einer Schüssel mit Sumach, Zitronensaft, Granatapfelsirup, Olivenöl und getrockneter Minze vermengen. Mit Salz und Pfeffer würzen.

3. Nach Belieben Schafskäse über den Salat bröseln und servieren.

Tipp
Hier hast du den klassischen Coban etwas aufgemotzt. Der Salat ist eine super Beilage zu Fleisch und Fischgerichten. Und noch eine Beichte: Ich kriege von diesem Salat immer Bauchschmerzen. Warum? Weil ich die gesamte Salatsauce zum Schluss immer austrinke. Die ist sooo lecker!

Türkische Linsensuppe

Ca. 25 Minuten
Für 4 Personen

Für die Suppe:
250 g rote oder gelbe Linsen
1 Möhre
1 mehligkochende Kartoffel
1 Zwiebel
2 EL Kreuzkümmelsamen
Salz
Pfeffer
Vegeta Gewürzmischung nach Belieben
Saft von einer Zitrone

Für das Topping:
2 EL Butter
1 EL Chiliflocken
2 EL getrocknete Minze

1. Einen Topf mit ca. 1 ½ Liter Salzwasser aufsetzen. In der Zwischenzeit die Linsen in einem Sieb gut abbrausen und abtropfen lassen. Möhre abbrausen, abtrocknen, schälen und grob würfeln. Kartoffel schälen, abbrausen und grob würfeln. Zwiebel schälen und grob würfeln. Vorbereitete Zutaten und Linsen in den Topf geben.

2. 1 EL Kreuzkümmel grob zwischen den Fingern zerbröseln, unter die Suppe rühren und ca. 20 Minuten auf mittlerer Stufe köcheln lassen oder bis die Kartoffel und die Linsen gar gekocht sind.

3. Topf vom Herd nehmen und Suppe mit einem Pürierstab cremig mixen. Sollte die Suppe zu breiig sein, noch ein wenig Wasser dazugeben. Anschließend Suppe mit Salz, Pfeffer, Vegeta Gewürzmischung und Zitronensaft abschmecken. Restlichen Kreuzkümmel grob zerbröseln und unter die Suppe rühren.

4. Zum Schluss Butter in einer kleinen Pfanne schmelzen. Chiliflocken und die getrocknete Minze kurz darin anbraten und über die Suppe gießen.

Tipp
Veganer tauschen einfach die Butter gegen Pflanzenöl. Und wer es geschmacklich noch etwas deftiger mag, kann für die Suppe Hühnerbrühe benutzen.

Yayla Corbasi (Türkische Joghurtsuppe)

Ca. 30 Minuten
Für 4 Personen

Für die Suppe:
2 Knoblauchzehen
500 g Sahnejoghurt (10 % Fett, alternativ: Joghurt, mind. 3,5 % Fett)
1 Eigelb
100 g Mehl (Type 405)
1 kleine Zwiebel
1 EL Olivenöl
60 g Reis (Langkornreis)
Salz
Pfeffer

Für das Topping:
2 EL Butter
1 EL getrocknete Minze
Chilipulver nach Belieben

1. Knoblauchzehen schälen, auspressen und zusammen mit dem Joghurt in einer Schüssel verrühren. Eigelb und Mehl dazugeben und mit einem Schneebesen zu einer glatten Masse rühren.

2. Zwiebel schälen, fein reiben oder fein hacken und in einem Topf mit Öl kurz anbraten und mit etwas Wasser ablöschen.

3. Joghurt einrühren, mit 400 ml Wasser angießen und unter ständigem Rühren auf mittlerer Stufe vorsichtig köcheln lassen, bis die Suppe andickt und eine sämige Konsistenz hat. Wichtig: Die Suppe darf nicht aufkochen, sonst gerinnt das Ei.

4. Reis dazugeben und so lange auf kleiner Stufe weiterköcheln lassen, bis er gar ist. Suppe mit Salz und Pfeffer abschmecken.

5. Für das Topping Butter in einer kleinen Pfanne schmelzen. Getrocknete Minze und Chilipulver kurz darin anrösten und über die Suppe gießen.

Tipp
Du kannst auch Kichererbsen oder kleine Hackfleischbällchen als zusätzliche Suppeneinlage nehmen.

Kisir (Bulgursalat nach Hatay-Art)

Ca. 30 Minuten
Für 2 Personen

250 g feiner Bulgur
1 kleine Zwiebel
1 ½ EL Tomatenmark
1 ½ EL Paprikamark, leicht scharf
1 EL Kreuzkümmelsamen
1 TL getrocknete Basilikumblüten
2 EL Olivenöl
1 EL Granatapfelsirup
Salz
½ Bund Frühlingszwiebeln
½ Bund Petersilie
frische Salatblätter als Deko

1. Bulgur in eine flache, große Schüssel streuen. Nach und nach mit etwas warmem Wasser anfeuchten, bis eine sandige Masse entsteht.

2. Die Zwiebel schälen, fein hacken und unter den Bulgur rühren. Tomaten- und Paprikamark dazugeben und mit den Händen so lange durchkneten, bis die Masse schön dunkelrot eingefärbt ist. Ab und an etwas Wasser dazugeben.

3. Kreuzkümmel und die Basilikumblüten grob zwischen den Fingern zerbröseln und in den Salat rühren. Olivenöl und Granatapfelsirup dazugeben und noch mal ordentlich durchkneten. Die Masse sollte schön nass und feucht sein. Mit Salz würzen.

4. Frühlingszwiebeln und Petersilie abbrausen, trocken schütteln, bei der Petersilie die Blätter abzupfen und fein hacken. Frühlingszwiebeln in feine Ringe schneiden und beides unter den Salat heben.

5. Salatblätter abbrausen, trocken schleudern und auf einen Teller legen. Kisir darauf anrichten und servieren.

Tipp
Am besten kannst du diesen Salat in einer großen flachen Schüssel oder Edelstahlform zubereiten. So kann der Bulgur optimal quellen.

Mein Lieblings-Quinoasalat

Ca. 25 Minuten
Für 2 Personen

200 g Quinoa
2 kleine Tomaten
1 kleine Gurke
100 g Schafskäse
1 Avocado
2 Stiele Koriander
Saft von ½ Zitrone
Salz
Pfeffer
2–4 EL Olivenöl

1. Quinoa in einem Sieb abbrausen und abtropfen lassen. In einem Topf mit leicht gesalzenem Wasser auf kleiner Stufe ca. 20 Minuten gar kochen und anschließend etwas quellen lassen.

2. In der Zwischenzeit Tomaten und Gurke abbrausen und abtrocknen. Tomaten entstrunken und klein würfeln. Gurke klein würfeln, Schafskäse grob zerbröseln. Avocado halbieren, Kern entfernen, Fruchtfleisch mit einem Löffel herauslösen und ebenfalls klein würfeln. Koriander abbrausen, trocken schütteln, Blätter abzupfen und fein hacken.

3. Vorbereitete Zutaten mit Salz, Pfeffer, Olivenöl, Zitronensaft und Quinoa vermengen.

Tipp
Dieser Quinoasalat ist einfach, schnell, gesund und super lecker! Wer mag, verleiht ihm durch knusprige Granatapfelkerne einen extra Crunch.

Cems Kürbis-Möhren-Kokos-Suppe

Ca. 45 Minuten
Für 2 Personen

½ kleiner Kürbis (ca. 400 g)
4–6 Möhren
1 Kartoffel
1 mittelgroße Zwiebel
1 kleines Stück Ingwer (ca. 2 cm)
4 EL Olivenöl
500 ml Gemüsebrühe
2 Stiele Koriander
2 EL Sonnenblumenkerne
1 Dose Kokosmilch oder Sahne (30 % Fett)
Salz
Pfeffer
Kürbiskernöl nach Belieben

1. Kürbis schälen, entkernen und würfeln. Möhren abbrausen, abtrocknen, schälen und würfeln. Kartoffel schälen, abbrausen und würfeln. Zwiebel schälen und in Keile schneiden. Ingwer mit einem Löffel schälen und fein reiben.

2. Vorbereitete Zutaten in einem Topf mit Olivenöl anbraten, mit Wasser oder Gemüsebrühe ablöschen und ca. 20 Minuten auf mittlerer Stufe köcheln lassen.

3. In der Zwischenzeit Koriander abbrausen, trocken schütteln, Blätter abzupfen und fein hacken. Sonnenblumenkerne in einer kleinen Pfanne ohne Fett braun anrösten und beiseite stellen.

4. Suppe mit einem Pürierstab zu einer cremig-sämigen Suppe mixen. Kokosmilch unterrühren und mit Salz und Pfeffer abschmecken. Mit Koriander, Sonnenblumenkernen und Kürbiskernöl servieren.

Tipp
Diese Suppe geht immer! Cem macht sie am besten. Für einen fruchtigen Touch kannst du auch ein halbes Glas Orangensaft dazugeben.

Kräuter-Kartoffelsalat

Ca. 30 Minuten
Für 2 Personen

300 g kleine, festkochende Kartoffeln (z.B. Drillinge)
1 Bund Frühlingszwiebeln
1 Bund Schnittlauch
½ Bund Dill
½ Bund Petersilie
½ Bund Minze
1 rote Zwiebel

Für das Dressing:
1 Bio-Zitrone
1 EL Senf
Salz
Pfeffer
2–4 EL Milch
1 TL Zucker
ein Spritzer Essig (z.B. Weißwein- oder Apfelessig)
Chiliflocken nach Bedarf

1. Kartoffeln in einem Topf mit ausreichend Salzwasser ca. 20 Minuten garkochen.

2. In der Zwischenzeit Frühlingszwiebeln, Schnittlauch, Dill, Petersilie und Minze abbrausen und trocken schütteln. Frühlingszwiebeln und Schnittlauch in kleine Ringe schneiden. Dillspitzen abzupfen und fein hacken. Petersilien- und Minzblätter abzupfen und ebenfalls fein hacken. Zwiebel schälen und fein hacken.

3. Für das Dressing Zitrone abbrausen, abtrocknen, Schale abreiben und Saft auspressen. Zitronensaft und -abrieb in einem Shaker oder einer Schüssel mit Senf, Salz, Pfeffer, Milch und Zucker verrühren, ggf. noch einen Spritzer Essig oder etwas mehr Milch dazugeben.

4. Wasser abgießen, Kartoffeln kurz ausdampfen lassen, pellen und würfeln. Kartoffeln mit den vorbereiteten Kräutern und dem Dressing vermengen. Nach Belieben mit Chiliflocken würzen.

Tipp
Ist dir das Dressing noch zu sauer, einfach etwas mehr Milch oder Zucker dazugeben.

Babas Rotkohlsalat

Ca. 15 Minuten
Für 2 Personen

600 g Rotkohl
1 rote Zwiebel
4 Stiele Petersilie
4 EL Olivenöl
1 TL Essig
1 TL Zucker
1 TL Salz
Pfeffer
1 Tomate
200 g Schafskäse

1. Rotkohl abbrausen, halbieren, entstrunken und in sehr feine Streifen hobeln. Zwiebel schälen und fein schneiden oder ebenfalls fein hobeln. Petersilie abbrausen, trocken schütteln, Blätter abzupfen und fein hacken.

2. Für das Dressing 2 EL Olivenöl, Petersilie, Essig, Zucker, Salz und Pfeffer anrühren, über den Rotkohl gießen, kurz verkneten und ein paar Minuten ziehen lassen.

3. Tomate abbrausen, abtrocknen, entstrunken und fein würfeln. Schafskäse grob zerbröseln, mit den Tomatenwürfeln und dem Salat mischen und servieren.

Übrigens

Frischer Rotkohl hat nicht nur eine krasse Farbe, sondern ist so unglaublich lecker und eine Vitamin-C-Bombe on top! Super gesund für Herz und Kreislauf. Mein Vater hat ihn uns sehr oft gemacht. In verschiedenen Variationen und mit verschiedenen Dressings.

Fruchtiger Nudelsalat

Ca. 20 Minuten
Für 2 Personen

125 g Nudeln (z.B. glatte Penne)
1 Stiel Dill
½ kleine Bio-Gurke
2 Frühlingszwiebeln
90 g Mandarinen aus der Dose
2 EL Mayonnaise
1 EL Joghurt (3,5 % Fett)
Salz
Pfeffer
2 hart gekochte Eier

1. Nudeln nach Packungsanweisung in kochendem Salzwasser al dente kochen. In der Zwischenzeit Dill, Gurke und Frühlingszwiebeln abbrausen. Dill trocken schütteln, Spitzen abzupfen und fein hacken. Gurke abtrocken und fein würfeln (oder, wenn ihr habt, mit einem Spiralschneider zu Spaghetti schneiden). Mandarinen in einem Sieb abbrausen und abtropfen lassen.

2. Nudelwasser abgießen und Nudeln leicht abkühlen lassen. In einer großen Schüssel Mayonnaise mit dem Joghurt glattrühren, mit Salz und Pfeffer würzen und den Dill unterheben.

3. Eier klein schneiden und zusammen mit den abgekühlten Nudeln, den Gurkenwürfeln und den Mandarinen unterheben, ggf. mit Salz und Pfeffer nachwürzen.

Übrigens
Diese Kombination ist auf den ersten Blick eher ungewöhnlich, schmeckt aber unglaublich fruchtig und sehr frisch. Perfekt für den Sommer!

Vorspeisen und Beilagen

Orientexpress-Teller

Ca. 80 Minuten
Wartezeit: ca. 1 Stunde
(+ 12 Stunden Einweichzeit und Ruhezeit)
Für 2 Personen

Für die Falafel:
200 g getrocknete Kichererbsen (alternativ: 1 Dose gegarte Kichererbsen)
2 Zwiebeln
4 Knoblauchzehen
1 kleines Bund Petersilie
1 kleines Bund Koriander
1 kleines Bund Minze
2 EL gemahlener Koriander
2 TL Salz
½ TL mildes Chilipulver
1 TL ganzer Kreuzkümmel
1 TL Backpulver
80 g Mehl (Type 405)
1 Ei
neutrales Pflanzenöl zum Frittieren

Für das Tabouleh:
1 großes Bund Petersilie
2 Tomaten
1 Zwiebel
Saft von ½ Zitrone
Salz
25 g feiner Bulgur
2 EL Olivenöl

1. Für die Falafel am Vortag die Kichererbsen in einer großen Schüssel mit ausreichend Wasser (ca. 2 cm hoch) bedecken und mindestens 12 Stunden einweichen lassen. Alternativ kann man auch Kichererbsen aus dem Glas oder der Dose nehmen. Das Einweichen entfällt dann.

2. Am nächsten Tag die eingeweichten Kichererbsen (oder die vorgegarten Kichererbsen aus der Dose) abgießen, gut ausspülen und in einem Sieb abtropfen lassen. Die Zwiebel und den Knoblauch schälen und fein hacken. Petersilie, Koriander und Minze abbrausen, trocken schütteln und Blätter abzupfen.

3. Die Hälfte der Zwiebelwürfel zusammen mit den abgetropften Kichererbsen, der Petersilie, dem Koriander, der Minze, Salz, Chilipulver, Knoblauch und Kreuzkümmel in einem Hochleistungsmixer oder mit einem Pürierstab zu einer sandigen Masse (kein Püree) mahlen.

4. Backpulver, Mehl und Ei untermengen. Sollte die Teigmasse an den Händen festkleben, noch etwas Mehl dazugeben. Anschließend die Falafelmasse ca. 1–2 Stunden abgedeckt im Kühlschrank ziehen lassen.

5. In der Zwischenzeit für das Tabouleh die Petersilie abbrausen, trocken schütteln, Blätter abzupfen und fein hacken. Zwiebel schälen und ebenfalls fein hacken. Tomaten abbrausen, abtrocknen, entstrunken und fein hacken.

6. Die vorbereiteten Zutaten in einer Schüssel vermengen. Zitronensaft und Salz dazugeben und den Bulgur einrieseln lassen. Mit einem Löffel alles gut verrühren, mit Olivenöl beträufeln und ca. 10 Minuten ziehen lassen.

7. Für den Dip Joghurt, Tahini, Zitronensaft und ausreichend Salz in einer Schüssel verrühren. Tipp: Wer den Dip flüssiger mag, kann ein wenig Wasser unterrühren.

Fortsetzung auf der nächsten Seite ▶

Für den Joghurt-Dip:
250 g Joghurt (3,5 % Fett)
2 EL Tahini (Sesampaste)
1 EL Zitronensaft
Salz

Außerdem:
2 Pitabrote

8. Falafelteig aus dem Kühlschrank herausnehmen und mit sauberen Händen (oder einem Eis-Portionierer) zu walnussgroßen Bällchen formen.

9. Eine Pfanne oder einen Topf etwa 8 cm hoch mit Öl befüllen und stark erhitzen (ca. 180 °C). Mit einem Holzstäbchen testen, ob das Fett heiß genug ist. Wenn Bläschen an dem Stäbchen aufsteigen, ist die richtige Temperatur erreicht. Anschließend die Falafelbällchen portionsweise ca. 5 Minuten darin frittieren, bis sie rundherum goldbraun ausgebacken sind. Falafel mit einer Schöpfkelle herausnehmen und auf Küchenpapier abtropfen lassen.

10. Fertige Falafel mit dem Tabouleh und dem Joghurt-Dip servieren.

Wichtig
Falls du für die Falafel getrocknete Kichererbsen verwendet, musst du sie bereits 12 Stunden vor dem Kochen in ausreichend Wasser einweichen lassen.

Alternativer Serviervorschlag
Statt des Joghurt-Dips kannst du auch Hummus dazu servieren. Hierfür einfach 2–3 EL Tahini, 1 Dose gegarte Kichererbsen, Saft einer Zitrone, 2 EL Wasser und 1 Prise Salz zu einer cremigen Konsistenz pürieren.

Cacik (Türkisches Tzatziki)

Ca. 15 Minuten
Für 2 Personen

1 kleine Gurke
1 Knoblauchzehe
2 Stiele Minze
1 TL getrocknete Minze
1 TL Salz
250 g türkischer Joghurt (3,5 % Fett)
1–2 EL Schmand nach Bedarf

1. Gurke abbrausen, abtrocknen und mit einer Reibe fein reiben. Knoblauchzehe schälen und auspressen. Minze abbrausen, trocken schütteln, Blätter abzupfen und fein hacken.

2. Dann, den Trick habe ich von meinem Baba, die vorbereiteten Zutaten in einer Schüssel mit Salz und der getrockneten Minze in einer Schüssel vermengen und ein paar Minuten ziehen lassen. Und erst jetzt mit dem cremig gerührten Joghurt vermengen.

3. Wer es noch cremiger mag, rührt noch etwas Schmand hinein.

4. Babas Geheimnis: Ein paar Eiswürfel unter das Cacik heben, so ist es schön erfrischend und ein wenig flüssiger.

Tipp
Ich liebe Cacik! Es ist eine super Beilage zu vielen Eintopfgerichten oder als Dip! Du kannst für Cacik jeden Joghurt nehmen, den du hast. Er sollte aber mindestens 3,5 % Fett enthalten.

Böreks aus dem Ofen

Ca. 40 Minuten
Für 18 Stück

18 dreieckige Blätter Börek- oder Yufkateig (= 1 Packung à 360 g)

Zum Bestreichen:
2 EL Milch
1 EL Joghurt (3,5 % Fett)
2 EL Sahne (30 % Fett)
2 EL Mineralwasser
1 Eigelb
2 EL weißer Sesam oder Schwarzkümmel

Für die Füllung:
300 g Schafskäse
½ Bund Petersilie
½ Bund Dill
Salz
Pfeffer
1 EL edelsüßes Paprikapulver

1. Backofen vorheizen (Ober-/Unterhitze 225 °C/Umluft 200 °C). Zum Bestreichen Milch, Joghurt, Sahne und Mineralwasser in einer Schüssel verrühren.

2. Für die Füllung Käse mit einer Reibe oder mit den Händen zerbröseln. Petersilie und Dill abbrausen, trocken schütteln, Blätter bzw. Spitzen abzupfen und fein hacken. Käse mit Petersilie, Dill, Salz, Pfeffer und Paprikapulver in einer Schüssel vermengen.

3. Börekblätter jeweils mit dem Milch-Joghurt-Sahne-Mix einpinseln und pro Börek 2 EL der Füllung am langen Ende der Teigblätter verteilen. Linke und rechte Ecken eng einklappen und den Teig bis zur Spitze vorsichtig eindrehen.

4. Fertige Böreks auf ein mit Backpapier ausgelegtes Backblech legen. Eigelb leicht verquirlen, Böreks damit bestreichen und mit Sesam oder Schwarzkümmel bestreuen.

5. Böreks ca. 15–20 Minuten auf mittlerer Schiene im Ofen knusprig goldbraun backen.

Tipp
Diese Böreks sind nicht so fettig wie die frittierte Variante, sind aber trotzdem schön knusprig. Du kannst sie auch mit gut gewürztem, durchgebratenem Hackfleisch füllen. Veganer füllen sie mit gekochtem Gemüse, Kartoffeln oder Linsen.

Gefüllte Riesenchampignons

Ca. 30 Minuten
Für 2 Personen

125 g frischer Bio-Spinat
120 g Crème fraîche (30 % Fett)
Salz
Pfeffer
1 Prise gemahlener Muskat
6 Riesenchampignons
100 g geriebener Käse
(z.B. Gouda oder Mozzarella)

1. Backofen vorheizen (Ober-/Unterhitze 225 °C/Umluft 200 °C). Spinat abbrausen, trocken schütteln und ca. 3 Minuten in kochendem Salzwasser blanchieren. Anschließend in kaltem Wasser abschrecken und leicht auspressen. Crème fraîche mit Salz, Pfeffer und Muskat abschmecken.

2. Champignons putzen, Stiele entfernen und jeweils mit 2 EL Crème fraîche und 1 EL Spinat befüllen. Mit Käse bestreuen, noch mal mit Salz und Pfeffer würzen und in eine ofenfeste Auflaufform stellen. Champignons ca. 15 Minuten auf mittlerer Schiene im Ofen backen.

Tipp
Veganer können veganen Käse nehmen, Nussmus oder lassen den Käse einfach weg. Als Ersatz für die Crème fraîche eignet sich veganer Frischkäse.

Lahmacun (Türkische Pizza)

Ca. 100 Minuten
Für 15 Stück

Für den Teig:
110 ml lauwarmes Wasser
220 ml Milch (Zimmertemperatur)
½ Päckchen frische Hefe
1 Prise Zucker
500 g Mehl (Type 405)
2 EL Joghurt (3,5 % Fett)
4 EL Sonnenblumenöl
2 EL Salz

Für den Belag:
3 mittelgroße, weiche Tomaten
3 grüne Spitzpaprika
3 rote Spitzpaprika
3 Zwiebeln
2 Knoblauchzehen
1 EL Tomatenmark
1 EL Paprikamark
1 EL edelsüßes Paprikapulver
1 EL Sumach
Salz
Pfeffer
500 g Rinderhackfleisch (nicht zu mager)
5 EL Olivenöl

1. Für den Teig Wasser und Milch in einer Schüssel verrühren, Hefe hineinbröseln und Zucker dazugeben, ca. 5 Minuten stehen lassen.

2. Backofen vorheizen (Ober-/Unterhitze 225 °C/Umluft 200 °C). Restliche Zutaten für den Teig verrühren, Hefemilch dazugeben, zu einem gleichmäßigen Teig verkneten und ca. 45 Minuten abgedeckt stehen lassen.

3. In der Zwischenzeit Tomaten und Spitzpaprika abbrausen und abtrocknen. Tomaten entstrunken und grob würfeln. Spitzpaprika entkernen und grob würfeln. Zwiebeln und Knoblauchzehe schälen und grob klein schneiden. Vorbereitetes Gemüse in einem Hochleistungsmixer oder einer Küchenmaschine zu einer feinen, matschigen Masse pürieren.

4. Gemüsepaste mit Tomaten- und Paprikamark und den Gewürzen abschmecken, mit dem Hackfleisch und dem Olivenöl gut verkneten.

5. Teig in ca. 10–15 kleine Bällchen portionieren, jeweils mit Mehl bestäuben und mit einem Nudelholz rund (Ø ca. 20 cm) ausrollen. Teiglinge auf Blechen mit Backpapier verteilen, mit der Gemüse-Fleisch-Paste bestreichen und ca. 8–10 Minuten auf mittlerer Schiene im Ofen knusprig backen.

Tipp
Du kannst die Lahmacun mit Zwiebelringen, frischen Kräutern, Tomatenscheiben und Zitronenvierteln garnieren.

Buttriges Kartoffelpüree

Ca. 20 Minuten
Für 2 Personen

500 g mehligkochende Kartoffeln
Salz
125 g Butter
100 ml Milch oder Sahne (30 % Fett)
1 Msp. gemahlener Muskat
Kräutersalz oder Vegeta Gewürzmischung

1. Kartoffeln abbrausen, abtrocknen, schälen und vierteln. In einem Topf mit Wasser und 1 TL Salz gar kochen.

2. Wasser abgießen. Kartoffeln mit Butter und Milch mithilfe eines Kartoffelstampfers zerdrücken (oder in einer Küchenmaschine pürieren). Mit Salz und Muskat würzen, ggf. mit Kräutersalz oder Vegeta Gewürzmischung abschmecken und servieren.

Tipp
Dieses Püree ist einfach nur Foodporn: so sahnig und buttrig ... das zergeht auf der Zunge wie Sahnepudding! Ursprünglich kommt das Rezept von meiner Schwägerin. Ich habe es noch ein wenig verfeinert. Von einem Sternekoch aus Italien habe ich erfahren, dass das Verhältnis Kartoffeln zu Butter 1:1 sein sollte (also 1 kg Butter auf 1 kg Kartoffeln). Das ist mir aber zu krass.

Türkischer Reis mit Fadennudeln

Ca. 30 Minuten
Für 2 Personen

150 g Reis (z.B. Langkornreis)
2 EL Butter
20 g Fadennudeln (Sehriye)
Salz

1. Reis in einem Sieb mit warmem Wasser abbrausen, bis die Stärke ausgewaschen ist, und kurz abtropfen lassen.

2. Butter in einem Topf erhitzen, Fadennudeln dazugeben und bei ständigem Umrühren braun anbraten. Reis dazugeben, weiterrühren und sobald ein nussiger Geruch entsteht, den Reis mit dem Wasser ablöschen.

3. 250 ml Wasser aufkochen und salzen. Ein Küchentuch über den Topf legen und mit einem Deckel bedecken. Reis auf mittlerer Stufe ca. 10 Min köcheln lassen. Anschließend auf eine niedrige Stufe herunterdrehen und weitere 15 Minuten kochen lassen.

Tipp
Du kannst auch Rundkornreis nehmen, dieser wird aber insgesamt etwas »matschiger«, wenn du ihn für dieses Rezept verwendet.

Tomatenbulgur

Ca. 25 Minuten
Für 2 Personen

200 g grober Bulgur
2 reife Tomaten
1 grüne Spitzpaprika
1 Zwiebel
1 kleine Knoblauchzehe
2 EL Olivenöl
1 ½ EL Tomatenmark
1 TL Kreuzkümmelsamen
1 TL getrocknete Basilikumblüten (alternativ: Basilikumblätter)
Salz
Pfeffer

1. Bulgur in einem Sieb mit warmem Wasser abbrausen. Tomaten abbrausen, abtrocknen, schälen und klein würfeln. Paprika abbrausen, abtrocknen, entkernen und fein würfeln. Zwiebel und Knoblauch schälen und fein hacken.

2. Zwiebeln und Spitzpaprika in einer Pfanne mit Öl anschwitzen, Tomaten dazugeben und kurz mitbraten. Mit 300–400 ml Wasser ablöschen, aufkochen und Tomatenmark unterrühren. Kreuzkümmelsamen hineinbröseln, Basilikumblätter dazugeben und mit Salz und Pfeffer würzen.

3. Bulgur auf mittlerer Stufe ca. 10–15 Minuten köcheln lassen. Gelegentlich umrühren, bis der Bulgur fertig gequollen ist.

Tipp
Super Beilage zu Fleischgerichten, aber auch als Single Dish mit Minz-Joghurt-Dip und Salat einfach göttlich. Ich mag den Tomatenbulgur am liebsten leicht matschig.

Köfte mit Fetafüllung

Ca. 30 Minuten
Für 2 Personen

1 kleine Zwiebel
3 Stiele Petersilie
250 g Rinderhackfleisch
1 Ei
30 g Semmelbrösel
1 TL getrockneter Oregano
1 Spritzer Zitronensaft
½ TL gemahlener Kreuzkümmel
½ TL Salz
¼ TL Pfeffer
50 g Feta
3 EL Olivenöl

1. Zwiebel schälen und grob hacken. Petersilie abbrausen, trocken schütteln, Blätter abzupfen und zusammen mit der Zwiebel in einer Küchenmaschine oder mithilfe eines Pürierstabes fein pürieren.

2. Hackfleisch, Eier, 1 EL Semmelbrösel, Oregano, Zitronensaft, Kreuzkümmel, Salz, Pfeffer und den Zwiebel-Petersilien-Mix in einer Schüssel vermengen und gut durchkneten. Aus der Hackmasse ca. 60 g schwere Kugeln formen und eine Mulde in die Mitte drücken. Den Feta in die Mulden drücken, verschließen und leicht platt drücken oder zu dicken Köfte formen.

3. Restliche Semmelbrösel auf einen flachen Teller schütten, Köfte darin wälzen und in einer heißen Pfanne mit Öl auf mittlerer Stufe rundherum ca. 6 Minuten knusprig anbraten.

4. Anschließend kurz auf Küchenpapier abtropfen lassen und servieren.

Zucchinipuffer mit Kräutern und Zitronen-Schmand-Dip

Ca. 30 Minuten
Für 2 Personen

Für die Zucchinipuffer:
3 Zucchini (ca. 500 g)
2 kleine Möhren
½ TL Salz
2 Frühlingszwiebeln
1 kleines Bund Dill
2 Stiele Minze
2 Eier
Olivenöl
60 g Mehl (Type 405)
1 TL Backpulver
150 g Feta
Pfeffer

Für den Zitronen-Schmand-Dip:
1 kleine Knoblauchzehe
200 g Schmand
Saft und Abrieb von ½ Bio-Zitrone
Salz
Pfeffer

1. Zucchini und Möhren abbrausen, abtrocknen und mit einer Reibe über einer Schüssel fein zerreiben. ½ TL Salz dazugeben, vermengen und ca. 5–10 Minuten stehen lassen. Masse in ein sauberes Küchentuch einwickeln und mehrmals gut auswringen bis keine Flüssigkeit mehr austritt.

2. Frühlingszwiebeln, Dill und Minze jeweils abbrausen und trocken schütteln. Frühlingszwiebeln in feine Ringe schneiden, Dillspitzen und Minzblätter jeweils abzupfen und fein hacken. Eier leicht aufschlagen und zusammen mit den vorbereiteten Zutaten und der Zucchini-Möhren-Masse in einer großen Rührschüssel vermengen. 1 EL Olivenöl dazugeben, mit Salz und Pfeffer würzen und gut vermengen.

3. In einer separaten Schüssel Mehl mit dem Backpulver vermengen, unter die Zucchini-Masse heben und gut verkneten.

4. In einer Pfanne 2 EL Olivenöl auf mittlerer Stufe erhitzen. Pro Zucchinipuffer 1 EL Teig mit etwas Abstand zueinander in der Pfanne verteilen leicht platt drücken. (Die Puffer sollten ca. 1 cm dick sein und einen Durchmesser von 10 cm haben.) Anschließend Zucchinipuffer rundherum ca. 5 Minuten knusprig goldbraun ausbacken.

5. Fertige Zucchinipuffer zwischen 2 mit Küchenpapier ausgelegten Tellern oder im vorgeheizten Ofen warm halten. Für den Zitronen-Schmand-Dip Knoblauch schälen, auspressen und mit den restlichen Zutaten vermengen. Dip mit den Zucchinipuffern servieren.

Hauptgänge

Manti (Gefüllte Teigtaschen mit Hackfleisch)

Ca. 80 Minuten
Für 2 Personen

Für den Teig:
250 g Mehl (Type 405)
1 Ei
½ TL Salz

Für die Füllung:
1 Zwiebel
4 Stiele Petersilie
½ TL Kreuzkümmelsamen
100 g Rinderhackfleisch
Salz
Pfeffer

Für die Joghurtsauce:
1 Knoblauchzehe
350 g Joghurt (3,5 % Fett)
½ TL Salz

Außerdem:
50 g Butter
½ TL edelsüßes Paprikapulver
Sumach nach Belieben
getrocknete Minze nach Belieben

1. Mehl in einer Schüssel mit dem Ei, Salz und 180 ml Wasser mischen und zu einem festen, marzipanähnlichen Teig kneten. Abgedeckt ca. 20 Minuten ruhen lassen.

2. In der Zwischenzeit für die Füllung Zwiebel schälen und fein reiben. Petersilie abbrausen, trocken schütteln, Blätter abzupfen und fein hacken. Kreuzkümmelsamen grob zerbröseln und zusammen mit der Zwiebel, der Petersilie und den restlichen Zutaten in einer Schüssel gut vermengen.

3. Teig auf einer bemehlten Arbeitsfläche so dünn wie möglich mit dem Nudelholz ausrollen und in ca. 2–3 cm große Quadrate schneiden. Pro Quadrat ¼ TL der Füllung mittig platzieren und jeweils die gegenüberliegenden Ecken der Quadrate über der Füllung zusammendrücken.

4. Für die Joghurtsauce Knoblauch schälen, auspressen und mit den übrigen Zutaten in einer Schüssel cremig rühren. Butter in einer Pfanne zerlassen, Paprikapulver ca. 2–3 Minuten darin schwenken und beiseite stellen.

5. Wasser in einem großen Topf aufkochen, kräftig salzen, Manti hineingleiten lassen und ca. 5 Minuten auf mittlerer Stufe köcheln lassen. Anschließend in einem Sieb abtropfen lassen und sofort mit der Joghurtsauce und der Paprikabutter anrichten. Mit Sumach und getrockneter Minze garnieren.

Tipp
Diese türkischen »Ravioli« sind der Hammer! Du kannst sie auch easy vorbereiten und portionsweise einfrieren.

Frittierte Icli-Köfte

Ca. 80 Minuten
Für 15 Stück

Für die Füllung:
1 Zwiebel
2 Stiele Petersilie
250 g gemischtes, mageres Hackfleisch aus Rind und Lamm
2 EL Olivenöl
Salz
Pfeffer
Chiliflocken nach Belieben
25 g Butter

Für die Köfte-Ummantelung:
250 g feiner Bulgur
25 g Mehl (Type 405)
1 TL Kreuzkümmelsamen
1 EL Tomaten- oder Paprikamark
Salz
Pfeffer
1 Ei nach Belieben

Außerdem:
neutrales Pflanzenöl zum Frittieren

1. Für die Füllung Zwiebel schälen und grob würfeln. Petersilie abbrausen, trocken schütteln, Blätter abzupfen und grob hacken.

2. Hackfleisch gut abtrocknen und dann in einer Pfanne mit etwas Öl knusprig anbraten. Zwiebeln dazugeben und mit Salz und Pfeffer würzen. Butter stückweise dazugeben, Pfanne vom Herd nehmen und Petersilie und Chiliflocken dazugeben. Hackfleischmasse gut vermengen und abkühlen lassen.

3. Für die Ummantelung Bulgur in eine flache, große Schüssel streuen. Nach und nach mit etwas warmem Wasser (insgesamt ca. 250 ml) anfeuchten, bis eine sandige Masse entsteht.

4. Mehl, grob zerbröselten Kreuzkümmel, Tomatenmark, Salz und Pfeffer, ggf. ein Ei dazugeben. Alles gut verkneten bis eine feuchte, körnige, feurig-rote Masse entsteht.

5. Bulgurmasse mit feuchten Händen (am besten stellst du dir eine kleine Schüssel Wasser daneben) in walnussgroße, leicht rautenförmige Kugeln formen und mit zwei Fingern eine Kuhle eindrücken. Diese Kuhle nun von innen dehnen, indem du die Finger vorsichtig spreizt und den Bulgur in deiner Handfläche drehst. So entsteht nach und nach eine gleichmäßig dünne Ummantelung für die Hackfleischfüllung.

6. Bulgurbällchen esslöffelweise mit der Hackfleischmasse befüllen und die Hülle an beiden Enden spitz zudrücken, sodass sie einer Zitrone ähneln. Mit ein wenig Wasser glatt streichen und auf einem mit Backpapier ausgelegten Backblech unter Frischhaltefolie lagern.

7. Eine Pfanne etwa 8 cm hoch mit Öl befüllen und stark erhitzen. Ein Holzstäbchen in das Fett halten. Wenn Bläschen an dem Stäbchen aufsteigen, ist die richtige Temperatur erreicht. Anschließend die Köfte portionsweise darin frittieren, bis sie rundherum goldbraun ausgebacken sind. Köfte mit einer Schöpfkelle herausnehmen und auf Küchenpapier abtropfen lassen.

8. Icli-Köfte mit Joghurt und frischen Kräutern servieren.

Gekochte Icli-Köfte mit Knoblauch-Pesto

Ca. 95 Minuten
Für 15 Stück

Für die Füllung:
1 Zwiebel
2 Stiele Petersilie
250 g gemischtes, mageres Hackfleisch aus Rind und Lamm
2 EL Olivenöl
Salz
Pfeffer
Chiliflocken nach Belieben
25 g Butter

Für die Köfte-Ummantelung:
250 g feiner Bulgur
25 g Mehl (Type 405)
1 TL Kreuzkümmelsamen
1 EL Tomaten- oder Paprikamark
Salz
Pfeffer
1 Ei nach Belieben

1. Für die Füllung Zwiebel schälen und grob würfeln. Petersilie abbrausen, trocken schütteln, Blätter abzupfen und grob hacken.

2. Hackfleisch in einer Pfanne mit etwas Öl knusprig anbraten. Wichtig: Das Hackfleisch sollte keine überschüssige Flüssigkeit mehr enthalten, sonst weicht es später die Köfte durch. Zwiebeln dazugeben und mit Salz und Pfeffer würzen. Butter stückweise dazugeben, Pfanne vom Herd nehmen und grob gehackte Petersilie und Chiliflocken dazugeben. Hackfleischmasse gut vermengen und abkühlen lassen.

3. Für die Ummantelung Bulgur in eine flache, große Schüssel streuen. Nach und nach mit etwas warmem Wasser (insgesamt ca. 250 ml) anfeuchten, bis eine sandige Masse entsteht.

4. Mehl, grob zerbröselten Kreuzkümmel, Tomatenmark, Salz und Pfeffer, ggf. ein Ei dazugeben. Alles gut verkneten bis eine feuchte, körnige, feurig-rote Masse entsteht.

5. Bulgurmasse mit feuchten Händen (am besten stellst du dir eine kleine Schüssel Wasser daneben) in walnussgroße, leicht rautenförmige Kugeln formen und mit zwei Fingern eine Kuhle eindrücken. Diese Kuhle nun von innen dehnen bzw. ausbeulen, indem du die Finger vorsichtig spreizt und den Bulgur in deiner Handfläche drehst. So entsteht nach und nach eine gleichmäßig dünne Ummantelung für die Hackfleischfüllung.

6. Bulgurbällchen esslöffelweise mit der Hackfleischmasse befüllen und die Hülle an beiden Enden spitz zudrücken, sodass sie einer Zitrone ähneln. Mit ein wenig Wasser glatt streichen und auf einem mit Backpapier ausgelegtem Backblech unter Frischhaltefolie lagern.

Fortsetzung auf der nächsten Seite ▶

Für das Petersilien-Pesto:
½ Bund Petersilie
2–3 Knoblauchzehen
125 ml Olivenöl
Salz
Pfeffer

7. Für das Pesto die Petersilie abbrausen, trocken schütteln, Blätter abzupfen und klein hacken. Knoblauchzehen schälen und fein hacken. Petersilie, Knoblauch und Olivenöl in einer Schüssel vermengen. Mit Salz und Pfeffer würzen.

8. Einen Topf mit gesalzenem Wasser zum Kochen bringen und Köfte vorsichtig hineingleiten lassen. Köfte auf mittlerer Stufe köcheln lassen, bis sie an die Wasseroberfläche aufsteigen. Mit einer Schöpfkelle herausnehmen, auf Küchenpapier kurz abtropfen lassen und noch warm mit Pesto servieren.

Maklube
(Arabischer Reis-Schicht-Eintopf)

Ca. 90 Minuten
Für 6 Personen

Für den Eintopf:
500 g Langkornreis
4 Bio-Hähnchenkeulen (alternativ: Lammkeule)
1 Zwiebel
2 getrocknete Lorbeerblätter
2 Auberginen
Salz
Pfeffer
3 festkochende Kartoffeln
½ Blumenkohl
neutrales Pflanzenöl zum Frittieren
3 EL Butter

1. Reis in einem Sieb mit warmem Wasser abbrausen, bis die Stärke ausgewaschen ist, und ca. 15 Minuten in warmem Wasser stehen lassen.

2. In einem großem Kochtopf ausreichend Salzwasser zum Kochen bringen und die Hähnchenkeulen hineinlegen. Zwiebel schälen, halbieren und zusammen mit den Lorbeerblättern zur Suppe geben und ca. 20 Minuten auf mittlerer Stufe köcheln lassen.

3. In der Zwischenzeit Auberginen abbrausen, abtrocknen, Enden abschneiden, der Länge nach in 1 cm dicke Scheiben schneiden. Leicht salzen und beiseite stellen. Kartoffeln schälen, abbrausen und in Scheiben schneiden. Blumenkohl abbrausen und Röschen abtrennen. Auberginenscheiben mit Küchenpapier abtupfen. Reis in einem Sieb abtropfen lassen.

4. Öl in einer hochkantigen Pfanne stark erhitzen (ca. 180 °C). Mit einem Holzstäbchen testen, ob das Fett heiß genug ist. Wenn Bläschen an dem Stäbchen aufsteigen, ist die richtige Temperatur erreicht. Anschließend Kartoffeln und Blumenkohl darin goldbraun frittieren. Beides herausnehmen und auf Küchenpapier abtropfen lassen. Anschließend mit den Auberginen genauso verfahren und ein paar Auberginenscheiben für die Deko beiseite legen.

5. Hähnchenkeulen herausnehmen und den Sud auffangen. Fleisch kurz abkühlen lassen, vom Knochen lösen und mit einer Gabel zerzupfen. In einem hohen, nicht zu breiten Topf Butter schmelzen und den Reis darin schwenken. Er sollte den Topfboden vollständig bedecken.

Fortsetzung auf der nächsten Seite ▶

Für die Garnitur und den Joghurt-Dip:
50 g Pinienkerne
(alternativ: geschälte Mandeln)
500 g Joghurt (3,5 % Fett)
3 Tomaten
3 EL Tahini

6. Anschließend eine Lage Gemüse, dann etwas Fleisch, dann wieder Reis darauf schichten. Diesen Vorgang wiederholen und mit einer Lage Reis abschließen. Mit Salz und Pfeffer würzen und mit dem Sud komplett bedecken, ggf. mit Wasser auffüllen. Deckel aufsetzen und auf kleiner Stufe ca. 30–40 Minuten köcheln lassen oder bis das Wasser verdampft ist.

7. In der Zwischenzeit Pinienkerne ohne Fett in einer Pfanne goldbraun anrösten und beiseite stellen. Tomaten abbrausen, abtrocknen, entstrunken und fein würfeln. Joghurt cremig rühren, Tomaten, Tahini dazugeben und mit Salz und Pfeffer würzen.

8. Topfdeckel abnehmen, ein großes Blech auf den Topf setzen und schnell umdrehen. Gericht mit restlichen Auberginenscheiben und den Nüssen dekorieren. Mit dem Joghurt servieren.

Tipp
Wer mag, kann den Eintopf noch mit frisch gehackter Petersilie garnieren.

Vegetarische Citir Manti (Gefüllte Blätterteigtaschen)

Ca. 30 Minuten
Für 16 Stück

Für die Citir Manti:
1 Packung TK-Blätterteig
3 mehligkochende Kartoffeln
1 TL edelsüßes Paprikapulver
½ TL Kreuzkümmelsamen
Salz
Pfeffer

Für die Joghurtsauce:
350 g Joghurt (3,5 % Fett)
1 Knoblauchzehe
½ TL Salz

Zum Anrichten:
50 g Butter
½ TL Paprikapulver oder 1 TL Tomaten- oder Paprikamark
Sumach oder getrocknete Minze nach Belieben

1. Für die Manti den Blätterteig auftauen lassen. In der Zwischenzeit Kartoffeln schälen, abbrausen und in einem Topf mit ausreichend Salzwasser ca. 20 Minuten gar kochen.

2. Für die Joghurtsauce Knoblauch schälen, auspressen und mit den restlichen Zutaten in einer Schüssel cremig rühren. Kühl stellen. Blätterteig in kleine (ca. 3 cm) Quadrate schneiden.

3. Backofen vorheizen (Ober-/Unterhitze 200 °C/Umluft 180 °C). Kartoffelwasser abgießen, Kartoffeln kurz auskühlen lassen und mit einer Gabel zerdrücken. Mit Paprikapulver, grob zerbröselten Kreuzkümmelsamen, Salz und Pfeffer würzen.

4. Pro Blätterteig-Quadrat ¼ TL der Füllung mittig platzieren und jeweils die gegenüberliegenden Ecken der Quadrate über der Füllung zusammendrücken. Die Enden ggf. ein wenig mit Wasser anfeuchten, damit sie besser zusammenkleben.

5. Anschließend auf ein mit Backpapier belegtes Blech oder in eine Auflaufform legen und ca. 15–20 Minuten auf mittlerer Schiene im Ofen backen.

6. In der Zwischenzeit für das Topping Butter in einer kleinen Pfanne schmelzen. Gewürze kurz darin anrösten.

7. Citir Manti mit Joghurt servieren und mit der Gewürzbutter beträufeln.

Zoodles mit Lachs und Dillsauce

Ca. 25 Minuten
Für 2 Personen

1 kleine Zwiebel
1 kleines Bund Dill
2 Bio-Zucchini
2 Lachsfilets
2–3 EL Olivenöl
Frischkäse oder Sahne
Salz
Pfeffer
edelsüßes Paprikapulver

1. Die Zwiebel schälen und fein würfeln. Dill abbrausen, trocken schütteln, Spitzen abzupfen und fein hacken. Zucchini abbrausen, abtrocknen und mit einem Spiralschneider zu Spaghetti schneiden. Anschließend in einem Topf mit Salzwasser ca. 3 Minuten garen. Zoodles herausnehmen und abtropfen lassen.

2. In der Zwischenzeit Lachsfilets kalt abbrausen, trocken tupfen und in ca. 2x2 cm große Würfel schneiden. 2 EL Olivenöl in einer Pfanne erhitzen, Lachswürfel darin scharf anbraten und anschließend herausnehmen.

3. In derselben Pfanne Zwiebel mit dem restlichen Olivenöl glasig anschwitzen und Dill dazugeben. Mit Frischkäse oder Sahne aufgießen, aufkochen lassen und cremig rühren. Lachswürfel und Zoodles dazugeben und mit Salz, Pfeffer und Paprikapulver würzen.

Tipp

Für dieses Gericht benutze ich gerne einen Gemüse-Spiralschneider. Der Kauf lohnt sich, wenn du auf Gemüse-Nudeln in Pastagerichten und Salaten stehst.

Tagliatelle in Käse-Spinat-Sauce mit Walnüssen

Ca. 20 Minuten
Für 2 Personen

250 g Tagliatelle
500 g Bio-Babyspinat
1 kleine Zwiebel
2 EL Olivenöl
100 g Gorgonzola
(alternativ: geriebener Gouda oder Kräuterfrischkäse)
200 ml Milch
Salz
Pfeffer
1 Prise gemahlener Muskat
1 Handvoll Walnüsse

1. Tagliatelle nach Packungsanweisung in Salzwasser al dente kochen. In der Zwischenzeit Spinat waschen und trocken schleudern. Zwiebel schälen und fein würfeln.

2. In einer Pfanne Olivenöl erhitzen, Zwiebel darin glasig anschwitzen und Spinat kurz dazugeben. Pfanne vom Herd nehmen.

3. In einem Topf Gorgonzola vorsichtig schmelzen lassen und mit Milch ablöschen. Sauce aufkochen und mit Salz, Pfeffer und Muskat würzen.

4. Nudeln und Spinat auf Teller verteilen, mit Walnüssen garnieren und mit Sauce servieren.

Übrigens

Zu Hause liegt mir Cem regelmäßig in den Ohren, weil ich zu einer Nudelkaufsucht neige und all die Nudelpackungen schon aus jeglichen Schubladen herausquellen. Aber was soll ich machen? Ich finde, zu bestimmten Saucen passen nur bestimmte Nudeln!

Penne mit Filetspitzen und Champignon-Parmesansauce

Ca. 30 Minuten
Für 2 Personen

200 g Penne
150–200 g Rinderfilet
5 Champignons
1 Zwiebel
1 Knoblauchzehe
1 Zweig Rosmarin
2 EL Olivenöl
200 ml Sahne (30 % Fett)
Salz
Pfeffer
200 g geriebener Parmesan

1. Penne nach Packungsanweisung in Salzwasser al dente kochen. In der Zwischenzeit Filet abtupfen und in feine Streifen schneiden. Champignons ggf. putzen und in Scheiben schneiden. Zwiebel und Knoblauch schälen und fein hacken. Rosmarin abbrausen, trocken schütteln, Nadeln abzupfen und fein hacken.

2. Olivenöl in einer Pfanne erhitzen, Filetspitzen dazugeben und ca. 1 Minute scharf anbraten. Filet aus der Pfanne nehmen und beiseite stellen. In derselben Pfanne Zwiebel und Knoblauch anschwitzen, Rosmarin dazugeben und kurz mitrösten. Champignons dazugeben und scharf anbraten. Wenn die Champignons gar sind, Sahne einrühren und mit Salz und Pfeffer würzen.

3. Penne abgießen und etwas von dem Nudelwasser in die Sauce rühren. Parmesan einrühren und Filetspitzen dazugeben. Sauce mit den Penne vermengen und auf Tellern servieren.

Tipp
Diese Sauce passt auch super zu Tagliatelle oder Fettuccine.

Karniyarik (Gefüllte Auberginen)

Ca. 75 Minuten
Für 2 Personen

2 Auberginen
½ Bund glatte Petersilie
1 Tomate
500 ml neutrales Pflanzenöl zum Braten
1 Zwiebel
3 Knoblauchzehen
2 EL Olivenöl
150 g Rinderhackfleisch
100 g Tomatenmark
Salz
Pfeffer
Vegeta Gewürzmischung nach Belieben

1. Auberginen abbrausen, abtrocknen, Enden abschneiden und jeweils einmal der Länge nach einschneiden. Petersilie abbrausen, trocken schütteln, Blätter abzupfen und fein hacken. Tomate abbrausen, abtrocknen, entstrunken und in Scheiben schneiden.

2. Pflanzenöl in einem Topf stark erhitzen, Auberginen hineingleiten lassen und rundherum ca. 5–8 Minuten anbraten, bis sie weich sind. Anschließend in eine Auflaufform legen und die länglichen Schnitte vorsichtig öffnen.

3. Backofen vorheizen (Ober-/Unterhitze 200 °C/Umluft 175 °C). In der Zwischenzeit für die Hackfleischfüllung Zwiebel und Knoblauch schälen und fein hacken. Zwiebel und ⅔ des Knoblauchs mit Olivenöl in einer Pfanne glasig anschwitzen. Hackfleisch dazugeben und ca. 5–6 Minuten krümelig anbraten. Etwas Petersilie dazugeben, mit 1 EL Tomatenmark vermengen und kurz anrösten. Mit Salz und Pfeffer würzen und Auberginen damit befüllen.

4. Für die Sauce restliches Tomatenmark in einer Schüssel mit ca. 250 ml Wasser verrühren, restlichen Knoblauch dazugeben und mit Salz, Pfeffer und Vegeta Gewürzmischung würzen. Sauce vorsichtig über die Auberginen gießen und jeweils mit einer Tomatenscheibe garnieren.

5. Auberginen ca. 25–30 Minuten auf mittlerer Schiene im Ofen backen.

Tipp
Dazu passt türkischer Reis (S. 85) und Cacik (S. 74).

Crispy crunchy Cornflakes-Schnitzel

Ca. 25 Minuten
Für 2 Personen

2 Kalbsschnitzel
Salz
Pfeffer
60 g ungesüßte Cornflakes (alternativ: Nachos)
2 Eier
3 EL Mehl
Butterschmalz oder Pflanzenöl zum Braten

1. Schnitzel trocken tupfen, zwischen zwei Lagen Frischhaltefolie legen und mit einem Plattiereisen ca. 0,5 cm flach klopfen. Anschließend Schnitzel von beiden Seiten mit Salz und Pfeffer würzen. Cornflakes in einen Plastikbeutel füllen und mit einem Plattiereisen oder mit den Händen zerbröseln.

2. Für die Panierstraße Eier in einem Teller mit einem Schneebesen verquirlen. Mehl und Cornflakes jeweils auf separaten Tellern verteilen. Schnitzel nacheinander in Mehl, Ei und Cornflakes wenden und vorsichtig abklopfen.

3. Reichlich Butterschmalz oder Öl in einer Pfanne erhitzen und Schnitzel nacheinander darin beidseitig goldbraun ausbacken. Schnitzel auf Küchenpapier abtropfen lassen und mit Kartoffelsalat oder Kartoffelpüree servieren.

Tipp
Dieses Schnitzel kannst du mit Hähnchen, Pute, Schwein oder Kalbfleisch zubereiten.

Das ultimative Philly-Cheese-Steak-Sandwich

Ca. 25 Minuten
Für 2 Personen

2 kleine Zwiebeln
1 grüne Paprikaschote
1 Zweig Rosmarin
4 Champignons
2 EL Butter
1 Ribeye Steak (ca. 200–300 g)
2 EL Öl
1 Knoblauchzehe
Salz
Pfeffer
100 g Provolone (italienischer Schnittkäse)
4 Scheiben Cheddar
2 Ciabatta- oder Baguette-Brötchen

1. Backofen vorheizen (Ober-/Unterhitze 65 °C/Umluft 40 °C). Zwiebeln schälen und in feine Ringe schneiden. Paprika abbrausen, abtrocknen, entkernen und fein würfeln. Rosmarin abbrausen und trocken schütteln. Champignons putzen und in Scheiben schneiden.

2. Zwiebeln in einer Pfanne mit 2 EL Butter glasig anschwitzen. Paprikawürfel und Champignons dazugeben und goldbraun anbraten. Anschließend auf einem mit Backpapier ausgelegten Blech im Backofen warmhalten. Steak abtupfen und in einer heißen Pfanne mit Öl ca. 3 Minuten rundherum scharf anbraten. Knoblauchzehe andrücken und zusammen mit dem Rosmarinzweig in die Pfanne geben. Mit Salz und Pfeffer würzen.

3. Steak aus der Pfanne nehmen, ca. 3 Minuten ruhen lassen und in feine Scheiben schneiden. Provolone in feine Scheiben schneiden, Steak-Streifen mit dem Zwiebel-Paprika-Gemüse vermengen und mit Provolone und Cheddar garnieren.

4. Ofen auf Grillfunktion umstellen, Steaks wieder reinschieben und so lange angrillen, bis der Käse geschmolzen ist.

5. Ciabatta der Länge nach halbieren. Steaks auf der unteren Brothälfte anrichten, mit Salz und Pfeffer würzen und mit der oberen Ciabatta-Hälfte abschließen.

Buttrige Lachs-Bowl mit grünem Spargel und Quinoa

Ca. 35 Minuten
Für 2 Personen

2 Stiele Dill
3 Stiele Petersilie
1 Zweig Rosmarin
2 Lachsfilets ohne Haut (à 125 g)
Salz
rosa Pfefferkörner
2 kleine Knoblauchzehen
1 Bio-Zitrone
250 g grüner Spargel
40 g Butter
100 g Quinoa
½ Avocado
Sesam

1. Backofen vorheizen (Ober-/Unterhitze 200 °C/Umluft 175 °C). Dill, Petersilie und Rosmarin abbrausen und trocken schütteln. Dillspitzen abzupfen und fein hacken. Petersilienblätter abzupfen und fein hacken.

2. Lachs unter kaltem Wasser abspülen, trocken tupfen und auf ein mit Backpapier ausgelegtes Backblech legen. Mit Salz und Pfefferkörnern würzen. Knoblauchzehen schälen, auspressen und auf dem Lachs verteilen. Vorbereitete Kräuter ebenfalls dazugeben.

3. Zitrone abbrausen, abtrocknen, in Scheiben schneiden und auf dem Lachs verteilen. Spargel abbrausen, abtrocknen, holzige Enden abschneiden und ebenfalls zum Lachs geben. Butter in Scheiben schneiden und gleichmäßig auf dem Lachs und dem Gemüse verteilen, ggf. mit Salz und Pfeffer würzen und im heißen Ofen auf mittlerer Schiene ca. 20 Minuten garen.

4. In der Zwischenzeit Quinoa nach Packungsanweisung in Salzwasser oder Gemüsebrühe gar kochen. Avocado entkernen, Fruchtfleisch mit einem Löffel herauslösen und in Scheiben schneiden. Quinoa auf 2 Schüsseln verteilen und mit Lachs, Spargel, Zitronenscheiben und Avocado garnieren. Mit etwas Sud aus der Backform beträufeln und mit Sesam bestreuen.

Tipp
Lachs aus dem Ofen geht sehr schnell und zergeht förmlich auf der Zunge. Mit der Butter schmeckt er einfach noch besser, also unbedingt probieren! Alternativ kannst du auch Olivenöl nehmen.

Bamya (Türkischer Okra-Eintopf)

Ca. 40 Minuten
Für 2 Personen

2 kleine Tomaten
1 kleine grüne Spitzpaprika
1 kleine Zwiebel
250 g frische Okraschoten
2 EL Olivenöl
½ TL Salz
1 EL Tomatenmark
½ EL getrocknete Minze
Saft von ½ Zitrone

1. Tomaten abbrausen, abtrocknen, häuten, entstrunken und klein würfeln. Spitzpaprika abbrausen, abtrocknen und ebenfalls würfeln. Zwiebel schälen und klein würfeln. Okraschoten abbrausen, Stiele und Spitze vorsichtig abschneiden.

2. Öl in einem Topf erhitzen und vorbereitete Zutaten darin ca. 3 Minuten auf mittlerer Stufe anbraten. Mit 350 ml Wasser ablöschen, Okraschoten dazugeben und umrühren. Salz, Tomatenmark, Minze und Zitronensaft dazugeben, mit einem Deckel abdecken und auf mittlerer Stufe ca. 20 Minuten köcheln lassen, ggf. mit Salz und Pfeffer noch mal abschmecken.

Tipp

Frische Okra bekommst du am besten im türkischen Supermarkt. Wenn du magst, kannst du den Eintopf mit Lammfleisch pimpen. Hierfür einfach 300 g Lammfleisch am Knochen einkaufen, in mundgerechte Stücke schneiden und zusammen mit dem Tomatenmark und dem Gemüse unter Rühren rundherum anbraten. Anschließend mit dem Wasser ablöschen, Okras dazugeben und 20 Minuten köcheln lassen. Als Beilage passt Reis, Bulgur oder frisches Fladenbrot.

Fleisch in Joghurtmarinade mit Ofengemüse

Ca. 70 Minuten
(+ 2 Stunden Ruhezeit)
Für 2 Personen

Für das Fleisch:
3 EL Joghurt (3,5 % Fett)
200 g Tomatenmark
2 EL Olivenöl
2 Knoblauchzehen
2 TL getrockneter Oregano
1 TL getrockneter Thymian
400 g Kalbsfleisch, in Scheiben geschnitten
3 Kartoffeln
1 Zwiebel
1 Spitzpaprika

Für die Sauce:
4–5 EL Tomatenmark
Salz
Pfeffer
getrockneter Oregano nach Belieben

1. Joghurt mit Tomatenmark in einer großen ofenfesten Schüssel oder einem runden Blech verrühren und Olivenöl dazugeben. Knoblauch schälen, auspressen und mit dem Oregano und dem Thymian unter den Joghurt rühren. Fleisch abtupfen, in der Marinade wenden, mit Frischhaltefolie abdecken und ca. 2 Stunden in den Kühlschrank stellen.

2. Backofen vorheizen (Ober-/Unterhitze 220 °C/Umluft 195 °C). Kartoffeln und Zwiebeln schälen, Kartoffeln abbrausen und beides in Scheiben schneiden. Spitzpaprika abbrausen, abtrocknen, halbieren und entkernen. Gemüse auf dem Blech mit dem Fleisch verteilen.

3. Für die Sauce ca. 1 Liter kochendes Wasser mit dem Tomatenmark vermengen und mit Salz, Pfeffer und Oregano würzen. Sauce über das Fleisch gießen und mit etwas Olivenöl beträufeln. Fleisch ca. 35 Minuten auf mittlerer Schiene im Ofen garen oder bis eine leicht dickflüssige Sauce entstanden ist.

Tipp
Egal, ob Kalb, Rind oder Lamm, sogar Hähnchen schmeckt super lecker mit dieser Marinade und macht es mega zart, das Geheimnis: Joghurt. Noch intensiver und weicher wird das Fleisch, wenn du es über Nacht in den Kühlschrank stellst. Dazu passt Reis.

Bulgurbällchen mit Spinat

Ca. 60 Minuten
Für 2 Personen

2 Spitzpaprika
400 g feiner Bulgur
200 g Tomatenmark
2 EL Paprikamark
2 TL Kreuzkümmelsamen
Salz
200 g Mehl (Type 405)

Für die Beilagen:
500 g frischer Spinat
2 Knoblauchzehen
Olivenöl
Saft von einer Zitrone

Übrigens
Wir haben es als kleine Kinder geliebt, wenn wir zu Oma kamen und alle Tanten auf dem Boden saßen und diese kleinen Bällchen geformt haben.

1. Backofen vorheizen (Ober-/Unterhitze 180 °C/Umluft 155 °C). Spitzpaprika abbrausen, abtrocknen, halbieren, entkernen und auf einem mit Backpapier ausgelegten Blech verteilen. Anschließend ca. 20 Minuten auf mittlerer Schiene im Ofen weich garen. Paprika leicht auskühlen lassen, häuten und in Scheiben schneiden.

2. In der Zwischenzeit Bulgur in eine flache, große Schüssel streuen. Nach und nach mit warmem Wasser anfeuchten, bis eine sandige Masse entsteht. Tomaten- und Paprikamark dazugeben und zu einer gleichmäßig roten Masse kneten, ggf. nach und nach mehr Wasser dazugeben. Kreuzkümmel zwischen den Fingern zerbröseln, unter die Masse heben und mit Salz würzen. Unter ständigem Kneten nach und nach Mehl einarbeiten, bis der Teig nicht mehr an den Händen haftet.

3. Aus der Bulgurmasse traubengroße Bällchen formen und mit einem Finger leicht eindrücken, sodass eine kleine Kuhle entsteht. Etwas Mehl auf einem Blech verteilen und Bulgurbällchen darin wenden. Anschließend in einem Topf mit kochendem Salzwasser ca. 10 Minuten garen. Sie sind fertig, wenn sie an der Oberfläche schwimmen.

4. In der Zwischenzeit Spinat abbrausen, trocken schleudern, ggf. Stiele entfernen und klein schneiden. Knoblauch schälen, auspressen und mit Olivenöl vermengen. Spinat in einem separaten Topf mit kochendem Salzwasser ca. 5 Minuten garen, absieben und leicht ausdrücken.

5. Buglurbällchen abschöpfen, kurz abtropfen lassen, mit Zitronensaft und dem Knoblauchöl beträufeln. Anschließend mit Spinat und Paprika vermengen, und mit Salz und Pfeffer abschmecken.

Türkischer Grüne-Bohnen-Eintopf

Ca. 30 Minuten
Für 2 Personen

250 g frische grüne Bohnen
(z. B. Prinzessbohnen)
1 kleine Zwiebel
1 Knoblauchzehe
2 Tomaten
2 EL Olivenöl
½ TL Zucker
1 EL Paprika- oder Tomatenmark
1 TL getrocknetes Bohnenkraut
Salz
Pfeffer

1. Bohnen abbrausen, Enden abschneiden und ggf. die an den Bohnen entlanglaufenden Fäden entfernen. Anschließend in 5 cm lange Stücke schneiden. Zwiebel und Knoblauch schälen, Zwiebel fein würfeln und Knoblauch auspressen. Tomaten abbrausen, abtrocknen, häuten und fein würfeln.

2. In einem Topf Zwiebeln und Knoblauch mit Olivenöl und Zucker glasig anschwitzen. Tomaten, Tomatenmark und Bohnen dazugeben. Mit 75 ml kochendem Wasser ablöschen, mit geschlossenem Deckel einmal aufkochen lassen, anschließend die Temperatur senken, Bohnenkraut dazugeben und den Eintopf köcheln lassen bis die Bohnen ihre Farbe verändern. Zwischendurch den Topf leicht schwenken, aber nicht umrühren. Mit Salz und Pfeffer abschmecken.

Dieses Rezept habe ich durch einen Lieblingsmenschen kennengelernt. Keiner kann dieses Gericht besser kochen als

____

Rezepttitel: ______________________________

Zubereitungszeit: ________

Für ____ Personen / ____ Portionen / ____ Stück

Zutaten:

____
____
____
____
____
____
____
____
____
____
____
____
____
____

Zubereitung:

____
____
____
____
____
____
____
____
____
____
____

Zubereitungs-Tipp:

____
____

Dining with Friends

Pasta-Nester mit Gambas

Ca. 30 Minuten
Für 2 Personen

1 Zwiebel
2 Knoblauchzehen
1 Zweig Rosmarin
1 Handvoll bunte Cherrytomaten
1 Chili oder Chiliflocken nach Bedarf
100 g küchenfertige Garnelen
2 EL Olivenöl
Salz
Pfeffer
½ TL getrockneter Oregano
200 g Paprika-Peperoni-Frischkäse (alternativ: normaler Frischkäse oder Sahne)
200 g Spaghettini
geriebener Parmesan (alternativ: kleine Mozzarellakugeln)

1. Zwiebel schälen und fein hacken. Knoblauch schälen und in feine Scheiben schneiden. Rosmarin abbrausen, trocken schütteln, Nadeln abzupfen und fein hacken. Tomaten abbrausen, abtrocknen und der Länge nach halbieren. Chilischote abbrausen, abtrocknen, entkernen und in feine Ringe schneiden.

2. Garnelen abbrausen, trocken tupfen und ggf. Darm entfernen. Anschließend in einer Pfanne mit Olivenöl rundherum scharf anbraten. Sobald sie nicht mehr glasig sind, aus der Pfanne nehmen und auf einem Küchenpapier abtropfen lassen.

3. Zwiebeln in der Pfanne glasig anschwitzen, Knoblauch, Chili und Rosmarin dazugeben und kurz mitrösten. Garnelen unterrühren und mit Salz, Pfeffer und Oregano würzen.

4. Cherrytomaten dazugeben, mit dem Frischkäse kurz köcheln lassen, zu einer cremigen Sauce verrühren und vom Herd nehmen.

5. Backofen vorheizen (Ober-/Unterhitze 125 °C/Umluft 100 °C). Spaghettini nach Packungsanweisung in kochendem Salzwasser al dente kochen. Anschließend abgießen, mit der Sauce verrühren und portionsweise auf einem mit Backpapier belegten Blech zu kleinen Nestern eindrehen.

6. Mit Parmesan garnieren und ca. 5 Minuten (oder bis der Käse geschmolzen ist) auf mittlerer Schiene im Ofen backen.

Tipp
Achte unbedingt darauf, die Nudelnester nicht zu lange im Ofen zu lassen. Sonst werden sie zu trocken.

Sennas Lieblingslasagne

Ca. 40 Minuten
Für 4 Personen

1 Bund Suppengrün
2 Knoblauchzehen
1 Zwiebel
1 kleines Bund italienischer Kräuter-Mix
½ Bund Basilikum
400 g Hackfleisch
2 EL Olivenöl
Salz
Pfeffer
2 Dosen passierte oder geschälte Tomaten
Lasagneblätter
125 g Crème fraîche mit Kräutern (30 % Fett)
200 g geriebener Käse

1. Backofen vorheizen (Ober-/Unterhitze 225 °C/Umluft 200 °C). Sellerie und Möhre abbrausen, abtrocknen, schälen und fein würfeln. Lauch abbrausen, abtrocknen und in Ringe schneiden. Knoblauch und Zwiebel schälen und ebenfalls fein hacken. Kräuter abbrausen, trocken schütteln, Blätter bzw. Nadeln abzupfen und fein hacken.

2. Fleisch in einer hohen Pfanne mit dem Öl krümelig braten. Vorbereitetes Suppengrün, Zwiebeln und Knoblauch hinzufügen und mitbraten. Mit Salz und Pfeffer würzen.

3. Mit den passierten Tomaten ablöschen und bei niedriger Stufe ca. 10 Minuten köcheln lassen. Kräuter dazugeben und ggf. mit Salz und Pfeffer abschmecken.

4. Sauce, Crème fraîche und Lasagneplatten abwechselnd in eine ofenfeste Auflaufform schichten, mit der Sauce abschließen. Mit Käse bestreuen. Ofen auf 180 °C herunterschalten, Lasagne ca. 20 Minuten auf mittlerer Schiene backen, Ofen auf 220 °C erhöhen und weitere 10 Minuten backen.

Tipp

Wenn du keine passierten Tomaten mehr zu Hause hast, kannst du die Tomatensauce auch mit Tomatenmark und Wasser anrühren. Wenn du die Sauce noch mit einem Schuss Rotwein ablöschst, kannst du sie auch super als Bolognese-Sauce zu Spaghetti nehmen.

Und noch ein Tipp

Ich mag am lieben einen Käsemix in meiner Lasagne. Für die erste Käseschicht nehme ich geriebenen Mozzarella und für die oberste Schicht Gratinkäse mit Gouda. Manchmal kommt noch ein dritter Käse (Parmesan) zum Einsatz.

Veggie Plate (Kizartma)

Ca. 40 Minuten
Für 2 Personen

Für das frittierte Gemüse:
2 festkochende Kartoffeln
1 Aubergine
1 Zucchini
½ Blumenkohl
2 Spitzpaprika
250 ml neutrales Pflanzenöl zum Frittieren

Für das Petersilien-Pesto:
½ Bund Petersilie
2 Knoblauchzehen
125 ml Olivenöl
Salz
Pfeffer

Für die Tomatensauce:
4 Tomaten
1 Knoblauchzehe
Olivenöl
1 EL getrockneter Oregano
Salz
Pfeffer
Saft von ½ Zitrone

1. Kartoffeln schälen, abbrausen und in Scheiben schneiden. Gemüse abbrausen und abtrocknen. Aubergine und Zucchini ebenfalls in Scheiben schneiden, Blumenkohlröschen abtrennen und Spitzpaprika jeweils halbieren und entkernen.

2. Für das Pesto die Petersilie abbrausen, trocken schütteln, Blätter abzupfen und fein hacken. Knoblauch schälen, fein hacken und mit der Petersilie vermengen. Olivenöl dazugeben. Mit Salz und Pfeffer würzen.

3. Für die Tomatensauce Tomaten abbrausen, abtrocknen, schälen und würfeln. Mit etwas Olivenöl in einer Pfanne anbraten. Knoblauch schälen, fein hacken und dazugeben. Mit etwas Wasser angießen und mit Oregano, Salz und Pfeffer würzen. Anschließend auf mittlerer Stufe ca. 15 Minuten zu einer sämigen Sauce einkochen lassen.

4. In der Zwischenzeit Öl in einer Pfanne stark erhitzen (ca. 180 °C). Mit einem Holzstäbchen testen, ob das Fett heiß genug ist. Wenn Bläschen an dem Stäbchen aufsteigen, ist die richtige Temperatur erreicht. Anschließend Kartoffeln und Blumenkohl darin goldbraun frittieren. Beides herausnehmen und auf Küchenpapier abtropfen lassen. Anschließend mit den Zucchini und Auberginen genauso verfahren.

5. Gemüse auf Tellern schichten, Zitronensaft darüber träufeln, salzen und mit der Tomatensauce und dem Pesto servieren.

Tipp
Das Gericht schmeckt im Sommer auch super mit einer leichten Joghurtsauce.

Joghurt-Kebab

Ca. 45 Minuten
Für 2 Personen

1 kleine Zwiebel
1 grüne Spitzpaprika
1 Bund Petersilie
350 g Rinderhackfleisch
Salz
Pfeffer
neutrales Pflanzenöl zum Braten
4 EL Tomatenmark
Vegeta Gewürzmischung nach Belieben
250 g Joghurt (3,5 % Fett)
1 Knoblauchzehe
getrocknete Minze nach Bedarf
2 Tomaten
1 Fladenbrot
etwas Butter

1. Zwiebel schälen und grob hacken. Paprika abbrausen, abtrocknen, entkernen und grob hacken. Petersilie abbrausen, trocken schütteln und Blätter abzupfen. Zwiebel, Paprika und die Hälfte der Petersilie in einer Küchenmaschine oder einem Hochleistungsmixer zu einer gleichmäßigen Masse pürieren und mit dem Hackfleisch vermengen. Mit Salz und Pfeffer würzen.

2. Hackfleisch zu kleinen walnussgroßen Bällchen formen, bei Bedarf die Hände mit etwas Öl benetzen. Hackbällchen in einer Pfanne mit Öl rundherum knusprig anbraten, aus der Pfanne nehmen und auf Küchenpapier abtropfen lassen.

3. Für die Sauce ca. 250 ml Wasser in die benutzte Pfanne gießen, Tomatenmark dazugeben und aufkochen lassen. Mit Salz, Pfeffer und ggf. Vegeta würzen. Hackfleischbällchen dazugeben und auf kleinster Stufe kurz ziehen lassen.

4. Backofen vorheizen (Ober-/Unterhitze 125 °C/Umluft 100 °C). Joghurt in einer Schüssel mit einem Schneebesen glatt rühren und salzen. Knoblauch schälen, auspressen und zusammen mit der getrockneten Minze in den Joghurt rühren. Tomaten abbrausen, abtrocknen, entstrunken und klein würfeln.

5. Fladenbrot der Länge nach halbieren, leicht mit Butter bestreichen und im Backofen knusprig backen. Fladenbrot herausnehmen, in Würfel schneiden und auf Tellern verteilen. Mit Joghurtsauce beträufeln und mit der Tomaten-Hackbällchen-Sauce übergießen. Mit restlicher Petersilie und Tomatenwürfeln garnieren.

Sarma (Gefüllte Weinblätter) und Dolma (Gefüllte Paprika, Auberginen und Zucchini)

Ca. 110 Minuten
jeweils für 4 Personen

Zum Befüllen:
eingelegte Weinblätter in Salzlake
2 Paprikaschoten
3 kleine Zucchini
3 kleine Auberginen

Für die Füllung:
2 Zwiebeln
2 Knoblauchzehen
3 Tomaten
1 kleines Bund Petersilie
1 kleines Bund Minze
500 g Rinderhackfleisch (50 % Rinderhack, 50 % Lammhack)
200 g Langkornreis
Salz
Pfeffer
getrocknete Minze nach Bedarf
2 EL Olivenöl
2 EL Butter
Saft von 1 Zitrone
2 EL Tomatenmark

1. Weinblätter aus der Packung nehmen, abspülen und für ca. 30 Minuten in heißes Wasser legen. Anschließend abtropfen lassen.

2. In der Zwischenzeit Paprika, Zucchini und Auberginen abbrausen und abtrocknen. Paprikadeckel entfernen und entkernen. Stielansätze der Zucchini und Blattwerk der Auberginen abschneiden. Anschließend jeweils mit einem Löffel vorsichtig aushöhlen.

3. Für die Füllung Zwiebel und Knoblauch schälen und fein reiben. Tomaten abbrausen, abtrocknen, schälen, fein würfeln und Tomatenschale aufheben. Petersilie und Minze abbrausen, trocken schütteln, Blätter abzupfen (Stiele jeweils aufheben) und fein hacken. Vorbereitete Zutaten mit dem Hackfleisch in einer Schüssel vermengen. Reis in einem Sieb mit heißem Wasser abbrausen, kurz abtropfen lassen und mit dem Hackfleisch vermengen. Mit Salz, Pfeffer und getrockneter Minze würzen. Olivenöl, Butter, Zitronensaft und Tomatenmark dazugeben und zu einer gleichmäßigen Masse kneten.

4. Gemüse mit der Fleischmasse befüllen. Restliche Fleischmasse für die Weinblätter nehmen: Weinblätter mit der rauen Seite nach oben auslegen und ggf. Stiele der Weinblätter entfernen. Circa 1 TL Fleischmasse auf das untere Blatt-Ende verteilen, Unterseite nach oben klappen, Ränder einschlagen und fest einrollen. Fertig gerollte Weinblätter mit dem gefüllten Gemüse in einen großen Topf legen und gleichmäßig schichten.

Fortsetzung auf der nächsten Seite ▶

Für die Sauce:
1 Knoblauchzehe
200 g Tomatenmark
Saft von ½ Zitrone
Salz
Pfeffer
getrocknete Minze

5. Tomatenschalen, Petersilien- und Minzstiele ebenfalls in den Topf legen. Für die Sauce die Knoblauchzehe schälen, leicht andrücken und dazugeben. 1 Liter heißes Wasser mit dem Tomatenmark verrühren und mit Zitronensaft, Salz, Pfeffer und getrockneter Minze würzen. Sauce vorsichtig über die Sarmas und Dolmas gießen. Sie sollte fast alles bedecken, ggf. mit Wasser aufgießen. Damit die Weinblätter nicht schwimmen, hilft es, sie mit einem kleinen Teller zu beschweren.

6. Sarmas und Dolmas kurz aufkochen und auf niedriger Stufe ca. 40 Minuten abgedeckt köcheln lassen. Falls der Reis immer noch nicht gar ist, einfach noch mal etwas Waser nachgießen und die Kochzeit erhöhen.

7. Knoblauchzehe entfernen. Gefüllte Weinblätter und gefülltes Gemüse mit der Sauce servieren.

Übrigens
Jeder liebt dieses Gericht. Wenn du es kochen willst, sollte es für deine Liebsten sein. Ich finde, dieses Rezept bietet sich perfekt an, um es mit Freunden zusammen zu kochen und zu genießen. Wir wurden schon als kleine Mädchen mit dem Befüllen und Einrollen der Weinblätter beauftragt, damit die Zubereitung schneller geht. In unserer Region wird Sarma intensiv mit Minze, viel Zitrone und Knoblauch gewürzt. Für dieses Gericht kannst du eigentlich fast jedes Gemüse befüllen, ob große Fleischtomaten, Zwiebeln oder Zucchiniblüten – schmeckt alles hammermäßig.

Chicken-Tortilla-Wraps

Ca. 30 Minuten
Für 2 Personen

Für die Füllung:
1 kleine rote Zwiebel
1 kleine Chilischote
250 g Hähnchenfilet
2 EL Olivenöl
120 g Mais aus der Dose
200 g Kidneybohnen aus der Dose
edelsüßes Paprikapulver nach Belieben
Salz
Pfeffer
100 g geriebener Käse (z.B. Gouda oder Cheddar)

Für die Salsa und die Guacamole:
½ Bund Koriander
2 kleine Tomaten
1 kleine rote Zwiebel
Olivenöl
Salz
Pfeffer
1 Hass Avocado
1 kleine Limette
1 Knoblauchzehe

Außerdem:
4–6 Weizentortillas

1. Zwiebel schälen und fein hacken. Chilischote abbrausen, abtrocknen, entkernen und in kleine Scheiben schneiden. Hähnchenfilet bei Bedarf kalt abspülen, abtupfen, in kleine Stücke schneiden und in einer heißen Pfanne mit Olivenöl rundherum scharf anbraten. Mais und Kidneybohnen abbrausen und in einem Sieb abtropfen lassen.

2. Zwiebeln und Hälfte der Chilischote dazugeben, mit Paprikapulver, Salz und Pfeffer würzen. Mais und Kidneybohnen einrühren, mit 1 EL Wasser ablöschen und kurz köcheln lassen.

3. Für die Salsa Koriander abbrausen, trocknen, Blätter abzupfen und klein hacken. Tomaten abbrausen, abtrocknen, entstrunken und fein würfeln. Zwiebel schälen und fein hacken. Koriander, Zwiebel, Tomaten und restliche Chili in einer Schüssel vermengen. Mit Olivenöl beträufeln und mit Salz und Pfeffer würzen.

4. Für die Guacamole Avocado halbieren, Kerne entfernen und mit einem Löffel das Fruchtfleisch herauslösen. Avocado mit einer Gabel zerdrücken, Limette halbieren und Saft auspressen. Knoblauch schälen und pressen. Vorbereitete Zutaten in einer Schüssel vermengen, mit Olivenöl beträufeln und mit Salz und Pfeffer würzen. Wer mag, kann zusätzlich etwas frischen Koriander unterheben.

5. Backofen vorheizen (Ober-/Unterhitze 100 °C/Umluft 75 °C). Tortillas auf einem mit Backpapier ausgelegten Blech verteilen, mit Käse bestreuen und auf mittlerer Schiene schmelzen lassen. Anschließend Wraps mit der Fleischfüllung belegen und mit Salsa und Guacamole servieren.

Übrigens
Immer wenn wir dieses Gericht machen, kommen Freunde zu Besuch. Wraps sind einfach ein perfektes Social Dish, und ich liebe die mexikanische Küche, weil sie so feurig und würzig ist. Wer mag, kann zusätzlich noch Sour Cream dazu servieren..

Bananen-Kokos-Rolle mit Vanillepudding

Ca. 40 Minuten
(+ 30 Minuten Kühlzeit)
Für 1 Biskuitrolle

Für den Teig:
5 Eier
170 g Zucker
200 ml Sonnenblumenöl
1 Packung Backpulver
3 Packungen Vanillezucker
200 g Mehl (Type 405)

Für die Füllung:
2 Packungen Puddingpulver mit Vanillegeschmack
1 Liter Milch
3 EL Zucker
4 Bananen
100 g Walnüsse
1 Packung feine Kokosflocken

1. Backofen vorheizen (Ober-/Unterhitze 200 °C/Umluft 180 °C). Für den Biskuitteig alle Zutaten bis auf das Mehl in einer Schüssel verrühren. Mehl hineinsieben und zu einem glatten Teig verrühren. Teig auf ein mit Backpapier ausgelegtes und eingefettetes Blech streichen und auf mittlerer Schiene ca. 15–25 Minuten goldbraun backen. Anschließend auskühlen lassen.

2. In der Zwischenzeit für die Füllung Puddingpulver mit etwas Milch glatt rühren. Restliche Milch mit Zucker aufkochen, Puddingpulver einrühren und unter Rühren ca. 3 Minuten kochen, bis die Creme eindickt. Topf vom Herd nehmen und Puddingcreme auskühlen lassen.

3. Lauwarmen Biskuitteig mit 2/3 der Puddingcreme bestreichen. Bananen schälen und der Länge nach an einer langen Kante des Teiges auslegen. Walnüsse drüberstreuen und von der Bananenseite beginnend, den Biskuit vorsichtig eindrehen. Dabei das Backpapier entfernen.

4. Biskuitrolle an den Seiten begradigen, restliche Puddingcreme darauf verteilen und mit Kokosraspeln vollständig bedecken. Kuchen ca. 30 Minuten in den Kühlschrank stellen.

Tipp
Wenn du magst, dann kannst du den fertig verzierten und noch etwas unförmigen Kuchen in Alufolie wickeln und vorsichtig rundformen, bevor du ihn in den Kühlschrank stellt. Wichtig: Biskuitrolle vor dem Servieren ca. 3 Stunden vorher aus dem Kühlschrank nehmen.

Übrigens
Dieses Rezept habe ich von der Frau meines Onkels. Sie ist diejenige in der Familie, die auf süße Backwaren spezialisiert ist. Meine Mama und Tanten haben weniger gebacken. Übrigens hält sich dieser Kuchen locker ein paar Tage im Kühlschrank und ist immer der Renner auf allen Partys.

Künefe

Ca. 70 Minuten
Für 1 Backform

Für das Sirup:
400 ml Wasser
600 g Zucker
1 EL Zitronensaft

Für den Kuchen und die Deko:
500 g ungekochte Kadayif-Teigfäden
250 g zerlassene Butter
300 g Mozzarella
gehackte Pistazien für die Deko

1. Für das Zuckersirup 400 ml Wasser mit dem Zucker in einem Topf aufkochen und ca. 10 Minuten auf niedriger Stufe köcheln lassen. Zitronensaft einrühren und 5–10 weitere Minuten kochen. Anschließend den Sirup vollständig auskühlen lassen.

2. Backofen vorheizen (Ober-/Unterhitze 200 °C/Umluft 180 °C). Kadayif leicht zerrupfen und in einer Schüssel mit der Butter gut verkneten, bis die Kadayif schön glänzen. Eine Backform einfetten und ca. die Hälfte der Kadayif darin verteilen, sodass der Boden vollständig bedeckt ist. Kadayif mit einem flachen Teller oder einem Glas platt drücken.

3. Mozzarella abtropfen, in Scheiben schneiden, auf den Fadennudeln gleichmäßig verteilen und platt drücken. Anschließend mit den restlichen Fadennudeln bedecken, platt drücken und im heißen Ofen auf mittlerer Schiene ca. 25 Minuten goldbraun backen.

4. Künefe herausnehmen, einmal vorsichtig auf ein mit Backpapier ausgelegtes Backblech stürzen und im Ofen ca. 10 weitere Minuten goldbraun backen.

5. Künefe auf Tellern verteilen, mit jeweils ½ Kelle kaltem Zuckersirup übergießen, mit Pistazien dekorieren und heiß genießen.

Tipp
Wenn du das Dessert mit Grieß probieren willst, ersetze einfach den Mozzarella mit feinem Hartweizengrieß. Koche den Hartweizengrieß nach Packungsanweisung mit Milch auf, schichte ihn statt oder zusätzlich zum Mozzarella und backe alles im Ofen.

Übrigens
Dieses Dessert stammt aus der arabischen Welt und ist auch unter dem Namen Kunafa bekannt und beliebt. In Hatay ist es eine Spezialität und schmeckt dort wirklich am besten! Mein Vater hat es für uns immer mit Grieß zubereitet, manchmal auch mit Grieß und Mozzarella. So lecker! Die Hauptzutat, Kadayif (auch »Engelshaarnudeln« genannt) findest du im türkischen oder arabischen Lebensmittelhandel im Kühlregal.

Kochen für Kinder

Viele fragen mich, wie ich es schaffe, dass meine Tochter Celia so vieles isst. Sie ist regelrecht süchtig nach Gemüse und Obst – und ihr Lieblingsgemüse ist ausgerechnet Brokkoli! Ja, tatsächlich verdrückt sie ihre Brokkoli-Röschen wie andere Kinder ihre Smarties.

Es ist bestimmt auch Glückssache, dass Celia nicht so schwierig ist beim Essen. Aber ich glaube schon, dass man seinen Kindern ein paar Dinge mit auf den Weg geben kann. Zum Beispiel habe ich (abgesehen von der Breizeit) nur sehr selten separat für Celia gekocht. Sie durfte (bzw. musste) das essen, was auf den Tisch kam. Das waren oft Gerichte, die durchaus stark gewürzt waren. Wahrscheinlich wäre das die Sünde schlechthin für viele Helikopter-Eltern, aber bei uns hat es funktioniert. Celia wurde nicht ständig gefragt, was sie essen will. Es war selbstverständlich, dass alle am Tisch das essen, was gekocht wurde.

Ich glaube, dass das gemeinsame Essen mit der Familie zu einer bestimmten Uhrzeit ebenfalls eine wichtige Rolle spielt. Jeder braucht seine Routinen. Da wir zu Hause gemeinsam kochen, stellt sich auch Celia gerne dazu. So hat sie schon früh angefangen, sich dafür zu interessieren. Sie darf auch immer ein wenig mithelfen und etwas probieren. So kriegt sie einen Bezug zu Lebensmitteln und zum Essen im Allgemeinen.

Was mich immer wieder ärgert, ist, wie einfallslos manche Leute ihr Essen für sich und ihre Kids anrichten. Das Auge isst schließlich mit – auch schon bei den Kleinsten! Natürlich kann man das im stressigen Alltag nicht immer leisten, aber ich versuche, Gerichte für Celia spielerisch anzurichten oder ungeliebtes Gemüse zu verstecken oder anders zu verpacken.

Ich kann dir deshalb nur raten: Binde deine Kids mehr in der Küche ein. Wer weiß, vielleicht verdrücken sie bald schon liebend gerne Spinat oder Rosenkohl!

Kartoffel-Gemüse-Taler mit Käse

Ca. 30 Minuten
Für 4–6 Stück

4 mehligkochende Kartoffeln
2 kleine Möhren
1 kleiner Brokkoli
1 Handvoll TK-Erbsen
geriebener Käse nach Belieben
(z.B. Emmentaler oder Gouda)
2 EL Pflanzenöl
Salz
Pfeffer

1. Kartoffeln schälen, abbrausen und fein würfeln. Möhren abbrausen, schälen und klein würfeln. Brokkoli abbrausen und Röschen entfernen. Vorbereitetes Gemüse in einem Topf mit ausreichend Salzwasser gar kochen. Anschließend Gemüse abgießen, auf einem Teller sortieren und kurz abkühlen lassen.

2. Gemüse mit einer Gabel leicht zerdrücken. Kartoffelmasse in kiwigroße Bälle formen und mit einem Finger eine Kuhle eindrücken. Mit Brokkoli, Möhren, Erbsen und Käse füllen, verschließen und vorsichtig zu einem Taler plattdrücken.

3. Fertige Taler in einer heißen Pfanne mit Öl auf mittlerer Schiene goldbraun ausbacken. Regelmäßig wenden und anschließend kurz auf Küchenpapier abtropfen lassen. Gemüse-Taler mit Ketchup oder Quark servieren.

Übrigens

Hier verstecken wir den bösen Brokkoli und die blöden Erbsen ganz unauffällig in der Mitte und locken die Kids mit der knusprigen Kartoffel-Käse-Ummantelung.

Nudeln mit Joghurt und Minzbutter

Ca. 15 Minuten
Für 2 Personen

100 g Spirelli- oder Fusilli-Nudeln
Salz
150 ml Joghurt
1 Mini-Gurke
2 EL Butter
3 TL getrocknete Minze

1. Nudeln nach Packungsanweisung in kochendem Salzwasser al dente kochen. In der Zwischenzeit Joghurt cremig rühren und leicht salzen. Gurke abbrausen, abtrocknen und in Scheiben schneiden,

2. Nudeln abgießen. Butter in einer Pfanne erhitzen und die Minze darin kurz anrösten. Nudeln mit Gurkenscheiben, Joghurt und Minzbutter garnieren.

Tipp
Dieses Gericht habe ich schon als Kind geliebt. Es ist bis heute noch mein Notfallessen, denn Joghurt habe ich immer im Kühlschrank! Eine gute Abwechslung zu Tomatensauce, und für die Kids ist es lecker und leicht.

bamboo
bamboo

Toasty-Pizza

Ca. 20 Minuten
Für 2 Personen

4 große Scheiben Toastbrot
80 ml Pizzasauce (Kühlregal)
Salami
1 kleine Paprikaschote
4 EL Mais (Dose)
4 EL geriebener Käse
Salz
Pfeffer

1. Backofen vorheizen (Ober-/Unterhitze 200 °C/Umluft 180 °C). Mit einer Tasse Scheiben aus dem Toast ausstechen und mit der Handoberfläche ein wenig plattdrücken. Mit 2 EL Tomatensauce bestreichen. Paprika abbrausen, abtrocknen, entkernen und in feine Würfel schneiden.

2. Pizza mit Paprikawürfeln, Mais, Salami und geriebenem Käse garnieren. Mit Salz und Pfeffer würzen und im heißen Ofen auf mittlerer Schiene ca. 10 Minuten backen.

Übrigens

Die schnellste Pizza ever! Ich nenne es auch Resteverwertung. Super leicht gemacht: einfach aus Toastscheiben den Pizzateig faken! Mein Tipp an dich: Auch bei Kids isst das Auge mit. Stecht mithilfe von Plätzchenförmchen die Salami aus. Das sieht gleich dekorativer aus, und Celia liebt das!

Das ist unser absolutes Lieblingsgericht in der Familie. Wir essen es immer zu

____

Rezepttitel: ____

Zubereitungszeit: ________

Für ____ Personen / ____ Portionen / ____ Stück

Zutaten:	Zubereitung:

So mag es jedes Familienmitglied besonders gerne:

Name	Besonderheiten

Türkische Hackbällchensuppe

Ca. 60 Minuten
Für 2 Personen

Für die Brühe:
2 Kartoffeln
2 Möhren
1 Eigelb
1 EL Mehl
Saft von ½ Zitrone
½ TL Salz
½ TL Pfeffer
10 g Butter

Für die Bällchen:
1 Zwiebel
150 g Rinderhackfleisch
1 kleines Ei
1 TL Salz
½ TL Pfeffer
50 g Reis (türkischen Rundkorn- oder klassischen Milchreis)
2 EL Mehl

1. Kartoffeln schälen, abbrausen und klein schneiden. Möhren abbrausen, schälen und ebenfalls klein schneiden. In einem Topf mit 600 ml gesalzenem Wasser ca. 20 Minuten köcheln lassen.

2. In der Zwischenzeit für die Bällchen Zwiebel schälen und fein hacken oder zerreiben. Zwiebel mit dem Hackfleisch, dem Ei, Salz und Pfeffer in einer Schüssel vermengen. Reis dazugeben und so lange kneten bis die Masse nicht mehr nass ist und an den Händen klebt. 1 EL Mehl auf einem flachen Teller verteilen, walnussgroße Bällchen aus der Hackmasse formen und in dem Mehl wenden. Anschließend Bällchen mit dem restlichen Mehl betreuen und beiseitestellen.

3. Für die Brühe in einer Schüssel Eigelb, Mehl und Zitronensaft mit einem Schneebesen klumpenfrei rühren. Mit Salz und Pfeffer würzen und mitsamt der Butter zu den Kartoffeln geben. Nochmals mit einem Schneebesen verrühren.

4. Vorsichtig die Hackbällchen in die Suppe gleiten lassen und ca. 10 Minuten auf hoher Stufe gar kochen. Anschließend auf eine niedrige Stufe herunterschalten und weitere 10 Minuten köcheln lassen.

Tipp
Wer mag, kann die Suppe mit frischen Kräutern (z.B. Petersilie) garnieren.

Crêpe-Sushi

Ca. 30 Minuten
Für 4 Crêpes

150 ml Milch
250 g Mehl (Type 405)
2 Eier
1 Packung Vanillezucker
200 g zerlassene Butter
1 Msp. Salz
Butter zum Braten
Frischkäse oder Schokocreme nach Belieben
4 Bananen

1. Für den Crêpeteig Milch, Mehl, Eier, Vanillezucker, zerlassene Butter und Salz in einer Schüssel zu einem glatten Teig rühren. Ist der Teig sehr dickflüssig, noch etwas Milch dazugeben. Teig kurz stehen lassen.

2. In der Zwischenzeit etwas Butter in einer Pfanne schmelzen. 1 Kelle Teig in die heiße Pfanne gießen und durch leichtes Schwenken gleichmäßig verteilen. Von beiden Seiten goldbraun backen und den Vorgang mit dem restlichen Teig dreimal wiederholen.

3. Crêpe mit Frischkäse oder Schokocreme bestreichen. Bananen schälen und pro Crêpe jeweils eine Banane eindrehen. Crêpe in Scheiben schneiden und servieren.

Tipp
Du kannst statt süßer Crêpes auch hauchdünne Omeletts machen, diese mit Brotaufstrich bestreichen und herzhaft füllen.

bamboo
bamboo

Menüs, Menüs, Menüs!

Es gibt für jeden Anlass das richtige Essen! Doch welche Gerichte passen gut zu welchem Anlass? Um dir die Auswahl zu erleichtern, habe ich hier ein paar Menüs für dich zusammengestellt.

PS: Schenke deinen Liebsten doch mal ein besonderes Menü zum Geburtstag! Entsprechende Gutscheine findest du auf Seite 171.

Menüvorschlag für ein Candle-Light-Dinner

Vorspeise:
Cems Kürbis-Möhren-Kokos-Suppe

Hauptgang:
Penne mit Filetstreifen in Champignon-Parmesan-Sauce

Dessert:
Frisches Obst

Menüvorschlag für ein Dinner mit der besten Freundin

Vorspeise:
Babas Rotkohlsalat

Hauptgang:
Sennas Lieblingslasagne

Dessert:
Banana-Vanilla-Crêpe

Menüvorschlag für Kocheinsteiger

Vorspeise:
Kräuter-Kartoffelsalat

Hauptgang:
Crispy crunchy Cornflakes-Schnitzel

Dessert:
Chocolate-Chip-Pancakes mit Schoko-Lava

Rezeptvorschläge für den ultimativen Brunch mit Freunden

Guacamole (Avocado-Dip)

Thunfisch-Dip

Pacanga-Börek

Menemen (Eier-Tomaten-Pfanne nach Bauernart)

Cems Bauernpfanne

Gutscheine zum Verschenken

Von

....

Für

....

Datum

....

Ort

....

Gutschein

Candle Light Dinner

Von

....

Für

....

Datum

....

Ort

....

Gutschein

Brunch

Von

....

Für

....

Datum

....

Ort

....

Gutschein

Überraschungsmenü für meinen Lieblingsmenschen

Zutatenregister

Bibliografische Information der Deutschen Nationalbibliothek
Die Deutsche Nationalbibliothek verzeichnet diese Publikation in der Deutschen Nationalbibliografie. Detaillierte bibliografische Daten sind im Internet über http://d-nb.de abrufbar.

Für Fragen und Anregungen
info@rivaverlag.de

Wichtiger Hinweis
Dieses Buch ist für Lernzwecke gedacht. Es stellt keinen Ersatz für eine individuelle medizinische Beratung dar und sollte auch nicht als solcher benutzt werden. Wenn Sie medizinischen Rat einholen wollen, konsultieren Sie bitte einen qualifizierten Arzt. Der Verlag und die Autorin haften für keine nachteiligen Auswirkungen, die in einem direkten oder indirekten Zusammenhang mit den Informationen stehen, die in diesem Buch enthalten sind.

Originalausgabe
2. Auflage 2020

Nymphenburger Straße 86
D-80636 München
Tel.: 089 651285-0
Fax: 089 652096

Unter Mitarbeit von Pauline Wunsch.

Redaktion: Caroline Kazianka
Umschlaggestaltung: Manuela Amode
Umschlagabbildungen: Pauline Bossdorf, Kezban Koca, Miloje/shutterstock, Philipp Shuruev/shutterstock
Abbildungen Innenteil: Pauline Bossdorf
Satz: inpunkt[w]o, Haiger (www.inpunktwo.de)
Druck: Firmengruppe APPL, aprinta Druck, Wemding
Printed in Germany

ISBN Print 978-3-7423-1456-7
ISBN E-Book (PDF) 978-3-7453-1124-2
ISBN E-Book (EPUB, Mobi) 978-3-7453-1125-9